21天效應

天效應成功的習慣

莫宸
袁麗萍 —— 著

養成了 從此習慣了

成功者用 **5** 秒去賺錢
平庸者花 **5** 秒在撿錢

行為形成習慣，習慣成為性格，性格決定命運

總覺得缺乏獨自思考的時間？還再指望以休假來埋葬壓力？
每天辛苦奔波卻看不見未來？每年都在寫下同樣的新希望？

你知道嗎？一個人一天的行為中，
只有 5% 是非習慣性的，剩下 95% 都是習慣性的。
因此，卓越不是一個舉動，而是一種習慣！

目錄

目錄

目錄

目錄

前言

美國成功學大師拿破崙‧希爾（Napoleon Hill）說：「習慣能夠成就一個人，也能夠摧毀一個人。」

英國偉大的思想家、哲學家培根（Francis Bacon）曾說：「習慣是人生的主宰。」

世界級心理學家巨擘威廉‧詹姆士（William James）又說：「種下一個行動，你將收穫一種習慣；種下一種習慣，你將收穫一種性格；種下一種性格，你將收穫一種命運。」

習慣對我們有著巨大的影響，它在不知不覺中，經年累月地影響著我們的行為，左右著我們的成敗。

一個人一天的行為中，大約只有 5% 是屬於非習慣性的，而剩下的 95% 的行為都是習慣性的。即便是打破常規的創新，最終也可能演變成為習慣性的創新。

根據行為心理學的研究結果：3 週以上的重複會形成習慣：3 個月以上的重複會形成穩定的習慣，即同一個動作，重複 3 週就會變成習慣性動作，形成穩定的習慣。

亞里斯多德（Aristotle）說：「人的行為總是一再重複。因此，卓越不是單一的舉動，而是習慣。」

前言

　　一根矮矮的柱子，一條細細的鍊子，竟能拴住一頭重達千斤的大象，可是這令人難以置信的景象卻在印度和泰國隨處可見。一隻小鷹和小雞一起生活。在母雞的照顧下，小鷹很開心地和小雞們生活在一起，竟然不會飛翔。

　　習慣了壞習慣，人就會像大象一般，掙脫不了細細的繩索，還以為自己已經把能力發揮到了極限；習慣了壞習慣，人就會像雛鷹那樣，倉皇地逃到母雞的翅膀下，以為自己是隻弱小可憐不會飛翔的小雞。

　　可見，習慣雖小，卻影響深遠。習慣對我們的生活有絕對的影響，因為它是一貫的。看看我們自己，看看我們周圍，好習慣造就了多少輝煌成果，而壞習慣又毀掉了多少美好的人生！

　　習慣一旦形成，就極具穩定性。一個好的習慣也可以產生巨大的力量，當你反覆地做著一件有益的事情，漸漸地，你就會喜歡去做，這樣一來，所有困難都顯得微不足道了。因為，習慣的力量可以衝破困難的阻撓，幫助你走上成功的道路。

　　因此，告訴自己：如果我一定要全心全力地遵從習慣的話，就一定要全心全力遵從好的習慣，要將壞習慣全部摧毀。

　　當你改掉了壞習慣，你就脫去了你身上的老皮，你就迎來了新生，就像從蛹到美麗的蝴蝶一樣。

　　行為形成習慣，習慣成為性格，性格決定命運！想成功的你，想擁有輝煌人生的你，請你隨身帶上 15 個好習慣，那你就會走出一段精彩的人生。

習慣一　設定目標

沒有目標的人，就像沒有指南針的船，迷茫而不知方位。因此，人生在世，需要有一個目標；有了目標的指引，你就會感到肩上的責任，你就會有一種使命感，你就不會隨意浪費一分鐘，你就不會無所事事。

1・目標 —— 成功的基石

> 沒有發展目標，不可能發生任何事情，也不可能採取任何行動；沒有行動，就不可能發生任何事情。如果一個人沒有發展目標，就只能徘徊在人生的旅途上，永遠到不了任何地方。

一個人有了發展目標才會有成功的人生。有什麼樣的發展目標，就有什麼樣的人生。發展目標是對於我們所期望成就事業的真正決心。

正如空氣對於生命一樣，發展目標對於成功也有絕對的必要。如果沒有空氣，沒有人能夠生存；如果沒有發展目標，沒有任何人能夠成功。所以，對你想去的地方首先要有個清楚的範圍，對想要達到的人生目標也首先要有一個清晰的藍圖。

明確的發展目標，不僅僅是界定人生的最終結果，它會在你的整個人生的發展過程中都發揮作用；發展目標是我們成功路上的里程碑，它的作用是巨大的。有了發展目標，你才會成功發展。

沒有明確目標的人，他們在生活中便會隨波逐流，而且總是迷惑不解，為什麼自己在事業上總不知道自己到了何處？如果你不知道你要去哪裡，你當然不可能到達任何一個地方。你必須做出明確、清楚的抉擇：你一生中要達到什麼目標。如果你疏於計劃，你就是在計劃失敗。你的下意識只被一種清晰、集中的畫面所啟動。當你對一項目標做出抉擇的時候，你就啟動了你內心中下意識領域裡目標搜索系統的控制功能，它便推動你向目標前進，同時，目標也便向你靠攏。你可以透過確定你明確的願望的途徑培養和發展你的目標意識，並開始採取具體的步驟去實現這些願望。

　　世界上，沒有任何一個有野心的成功者是在自己渾渾噩噩、糊裡糊塗、沒有目標的情況下發展成功的。有句成語「渾渾噩噩」，是形容那些心中沒有目標的人的生活態度。是啊，一個沒有目標的人就像一艘沒有舵的船，永遠漂流不定，最終擱淺在失望、失敗和沮喪的淺灘。

　　當你有了發展目標之後，目標就會在你的生活中發揮很大作用。它是你努力的方向，就像長跑運動員面對的終點，像射擊運動員面對的靶子。隨著你努力去實現這些目標，隨著一點一點接近的目標，隨著一個一個實現的小目標，這時的你就會有一種成就感。而這種成就感又促使你朝著新的發展目標衝刺。如果你這樣做了，你就會發現，你的思考方式和行為方式發生很大的變化，你會發現你的人生觀比以往更加積極，也更加有活力。

　　對於我們的人生來說，制定和實現發展目標，實際上就是一場比賽。目標是你努力的依據，因為你的人生有了方向，也就更有了希望；同時，目標又不停地鞭策著你、激勵著你，它好比是我們在道路兩旁看到的加油站，使你在發展的漫漫征途上產生無窮無盡的動力。

　　然而有一點你必須謹記：你的發展目標一定要是具體的，可以實現的。你人生的目標越是含糊不清，你實現它的機會也就越是渺茫，道理很簡單，目標不具體，也就是說你無法衡量它是否實現了，那只會降低你努力的積極性，因為你不知道你要求什麼，這跟人生沒有目標在某種意義上其實是相同的。

　　某一天清晨，美國加州海岸籠罩在一片濃霧之中，在海岸以西 21 英里的一個島上，一位 34 歲的女性跳入了太平洋中，開始朝著終點加州海岸游去。如果她成功了，她就是第一位游過這個海峽的女性。在此之前，她是游過英吉利海峽的第一位女性。

　　時間漸漸的過去了，海水凍得她全身麻木；鯊魚一次一次地靠近她，但都被人開槍嚇跑了；海面霧很大，她幾乎連護送自己的船隻都看不到。

　　15 個小時之後，她請人拉她上船，冰冷的海水凍得她全身發麻，她覺得自己不能再游下去了。這時，教練和母親告訴她，海岸已經近在眼前，千萬不能放棄。她朝海岸的方向望過去，除了濃霧，她什麼也看不到。

　　又游了 50 多分鐘，她又一次也是最後一次請人把她拉上了船，她實在沒有力氣再游下去了。

　　人們拉她上船的地方，距離她的目標加州海岸只剩下半英里！

　　後來，這位了不起的女性說，真正令她半途而廢的不是疲勞，也不是寒冷，而是她在濃霧中始終看不到目標。她說：「說實在的，我不是為自己找藉口。如果當時我看見陸地，也許我能堅持下來。」

　　這位女性並沒有說謊，她一生只有這一次沒有堅持到底。兩個月之後，她成功地游過了這個海峽，成為第一位游過這一海峽的女性，而且還創造了一項新的世界紀錄。

　　雖然這位令人敬佩的女性是位游泳好手，也有著頑強的意志力，但也需要看見目標，才能鼓足勇氣完成她有能力完成的任務。

　　對於我們而言又何嘗不是這樣？有了發展目標，你就會朝著目標而努力。你的階段性發展目標實現了，對你來說就是一種激勵，你就會更努力地朝著終極的發展目標走去，直至成功！

　　雖然為自己制定一個明確而又確實可行的目標，並不能保證你一定獲得成功發展，但是，這一目標起碼能夠增加你成功發展的機會。

　　你的人生若沒有發展目標，你肯定一事無成！

　　那麼，制定你人生的發展目標吧，為你的人生增添一些動力。

每個人在社會生活中都要根據自己的實際情況尋找自己生存的目標，因為我們不可能一生下來就有明確的目標，而是在實際生活變化過程中，逐漸發現，逐步明確，最後堅定下來的。

所以，一個人生存的第一個任務就是為自己尋找生存目標。

2・夢想是所有成就的出發點

在心中懷有美麗的夢想，才會有一天夢想成真。夢想支撐了人的內心世界，因此，人類不會放棄夢想，人類不會讓自己的夢想褪色、消逝。人類生存在夢想之中，並堅信自己的夢想都將在某一天變成現實。

對未來抱持著有根據的、合理的想像或希望，你的夢想就會變成高尚的理想，只要你對自己誠實，對自己的理想誠實，最終你夢想的世界就會變成美好的現實。

你的環境也許並不舒適，但只要你懷有理想，並為實現它而奮鬥，那麼，你的環境會很快改變。有位偉人說過，最偉大的成就在最初的時候曾經是一個夢想。橡樹種子沉睡在果殼裡，小鳥在蛋殼裡等待，在一個靈魂最美麗的夢想裡，一個慢慢甦醒的天使開始行動。

那些沒有思想、愚昧、懶惰的人只看到事物的表面而不曾注意事物本質，他們認為一切成功都是運氣、命運和機遇。看到一位品格高尚、受眾人敬仰的人，他們會說：「機遇總是在他需要的時刻助他一臂之力。」看到一位致富的人，他們會說：「他是多麼走運啊！」看到一位成為知識菁英的人，他

們會高呼：「命運對他是多麼垂青啊！」他們沒有看到這些成功的人曾經歷過的苦痛、折磨、失敗、奮鬥，他們付出的努力，他們所執著的信念，他們所做出的犧牲以及他們所克服的常人無法想像的困難。他們只看到光明與歡樂，卻不知道黑暗與苦痛，並稱之為「運氣」；他們看不到長時間艱苦的旅程，只看到美好的目標，並稱之為「好福氣」；他們不了解過程，只看到結果，並稱之為「機遇」。

在人類所做的一切事情中都包含了努力和結果，努力程度的衡量標準就往往是結果，事業、力量、物質、智力和精神的財富等都是努力的結果，而不是機遇。

你心中懷有的夢想，你一直珍藏於心的理想 —— 這是你生活的基礎，是你的未來。

夢想是行動的目的，它必須具備明確的方向。

夢想是所有成就的出發點，很多人之所以失敗，就在於他們從來都沒有夢想，並且也從來沒有踏出他們的第一步。

其實，人生是一個旅程，而非目的地。旅程的快樂和到達目的地的快樂一樣，其中的關鍵是，透過現實的偉大的目標，按照希望和理想的方向努力前進。所以，夢想指的是偉大和令人鼓舞的目標。

偉大的夢想通常促使我們發揮自身最佳能力，激勵我們努力工作，瞄準目標，全力以赴。

羅馬納‧巴紐埃洛斯是一位年輕的墨西哥女孩，16 歲就結婚了。在兩年當中她生了兩個兒子，丈夫不久後離家出走，羅馬納只好獨自支撐家庭。但是，她決心謀求一種令她自己及兩個兒子感到體面和自豪的生活。

她帶著一塊普通披巾包起的全部財產，跨過里奧蘭德河，在德克薩斯州

的埃爾帕索安頓下來,並在一家洗衣店工作,一天僅賺一美元。但她從沒忘記自己的夢想,就是要在貧困的陰影中建立一種受人尊敬的生活。於是,口袋裡只有 7 美元的她,帶著兩個兒子搭乘公車來到洛杉磯尋求更好的發展。

她一開始做洗碗的工作,後來找到什麼工作就做什麼。拚命賺錢,她和她的阿姨共同買下一家擁有一臺烙餅機及一臺烙小玉米餅機的店鋪。

她與阿姨共同製作的玉米餅非常成功,後來還開了幾家分店。直到最後,阿姨覺得工作太辛苦了,這位年輕婦女便買下了她的股份:

不久,她成為全國最大的墨西哥食品批發商,擁有員工 300 多人。

她和兩個兒子經濟上有了保障之後,這位勇敢的年輕婦女便將精力轉移到提升她美籍墨西哥同胞的地位上。

「我們需要自己的銀行」,她想。後來她便和許多朋友在東洛杉磯創建了「泛美國民銀行」,這家銀行主要是為美籍墨西哥人所居住的社區服務。

她與夥伴們在一個小拖車裡創辦起他們的銀行。可是,到社區銷售股票時卻遇到另外一個麻煩,因為人們對他們毫無信心,於是她向人們兜售股票時遭到拒絕。

他們問道:「你怎麼可能辦得起銀行呢?」「我們已經努力了 10 多年,總是失敗,你知道嗎?墨西哥人不是銀行家呀!」

但是,她始終不放棄自己的夢想,努力不懈,如今,銀行資產已增加到 2,200 多萬美元,她取得偉大成功的故事在東洛杉磯已經傳為佳話。後來她的簽名出現在無數的美國貨幣上,她由此成為美國第三十四任財政部長。

這位年輕婦女的成功確實得之不易。你能想像到這一切嗎?一名默默無聞的墨西哥移民,卻胸懷大志,後來竟成為世界上最大經濟實體的財政部長。

人一定要有崇高的目標，並為實現目標充滿信心。

3・沒有目標的行動是盲目的

如果你不知道你要去向何方，便一無所得。

讓我們看看一項毛毛蟲的實驗，也許對我們有所啟示：

一群毛毛蟲在樹上排成長長的隊伍前進，有一隻帶頭，其餘的依次跟著，食物就在枝頭，一旦帶頭的找到目標，停了下來，牠們就開始享受美味。有人對此非常感興趣，於是做了一個試驗，將這一組毛蟲放在一個大花盆的邊上，使牠們首尾相接，排成一個圓形，帶頭的那隻毛毛蟲也排在隊伍中，那些毛毛蟲開始移動，牠們像一排長長的遊行隊伍，沒有頭，也沒有尾。觀察者在毛毛蟲隊伍旁邊擺放了一些牠們喜愛吃的食物。但是，毛毛蟲們想吃到食物就得看牠們的目標，也就是那隻帶頭的毛蟲是否停下來，一旦停下來牠們才會解散隊伍不再前進，觀察者預料，毛毛蟲會很快厭倦這種毫無用處的爬行而轉向食物。出於預料，那隻帶頭的毛毛蟲一直跟著前面毛毛蟲的尾部，牠失去了目標，整隊毛毛蟲沿著花盆邊以同樣的速度爬了七天七夜，一直到餓死為止。

沒有目標的行動只能走向滅亡。目標對我們非常重要，不容忽視，目標是所有奮鬥者幸福的起點。

人是受目標驅使的。當我們很小的時候，看到別人走路、講話、讀書、騎車等等，我們就下定決心也要學會這些本領。雖然並不是有意識地這樣

做，但我們確實是為自己樹立了目標。儘管達到這些目標不是件容易的事，但還是要努力取得成功。我們喜歡挑戰、學習和成功帶來的刺激。正是這樣，我們學會了走路、講話和其他許多現在看來都很簡單自然的東西。

目標甚至還可以使人們保持青春和幸福。美國一項統計數字顯示，男人平均死亡的年齡是退休後兩年。這表示如果在某個職位上工作了很多年，它就會成為一個人生活中重要的組成部分，而如果突然間將其從生活裡拿走，他就會覺得自己似乎失去了活著的意義，或者繼續活下去的願望。結果，人對疾病的抵抗力降低了，身體變弱了。

一位美國的心理學家發現，在為老年人開辦的療養院裡，有一種現象非常有趣：每當節日或一些特殊的日子，像結婚週年紀念日、生日等來臨的時候，死亡率就會降低。他們之中有許多人為自己立下一個目標：要再多過一個耶誕節、一個紀念日、一個國慶日等等。等這些日子一過，心中的目標、願望已經實現，繼續活下去的意志就變得微弱了，死亡率便立刻升高。生命是可貴的，我們要在有限的生命中去做應該做的事，去實現自己的目標，人生才會有意義。如果一個人沒有奮鬥目標，就很容易受到一些微不足道的諸如憂慮、恐懼、煩惱和自憐等情緒的困擾。所有這些情緒都是軟弱的表現，都將導致無法迴避的過錯、失敗、不幸和失落。因為在一個權力擴張的世界裡，軟弱是不可能保護自己的。

一個人應該在心中樹立一個合理的目標，然後著手去實現它。他應該把這一目標作為自己思想的中心。這個目標可能是一種精神理想，也可能是一種世俗的追求，這當然取決於他此時的本性。但無論是哪一種目標，他都應將自己思想的力量全部集中於他為自己設定的目標上面。他應把自己的目標當作至高無上的任務，應該全心全意地為實現它而奮鬥，而不允許他的思想

因為一些短暫的幻想、渴望和想像而迷路。這是通往自我控制和集中思想的光明大道。即使在他為自己的目標而奮鬥的道路上一次次地失敗（這對他來說在所有的軟弱被克服之前是很自然的事），但是他愈來愈堅強的性格將是他真正成功的保證。這也會為未來的力量與成功創造一個嶄新的起點。

那些還沒有準備好考慮一個偉大目標的人應該致力於準確無誤地完成自己當前的任務，無論這些任務是多麼微不足道。只有透過這種方式，思想才能夠被聚焦，果斷的性格、充沛的精力才能逐漸地發展起來。當一切都就緒後，世上就再沒有無法完成的事了。

拋開漫無目標和懦弱無能，開始為你的人生確定目標，這意味著你將加入強者的行列。在確定了自己的人生目標之後，一個人應該在心中標出一條通往成功的筆直道路，不再左顧右盼，而是專心致志。發現你內心真正的需求。

你在生活中真正想要的是什麼？這個問題看起來很簡單，但是意義深遠，所以並不是一個好回答的問題。

要得到生活中想要的一切，當然要靠努力和行動。但是，在開始行動之前，一定要搞清楚，什麼才是自己真正想要的。

要打發時間並不難，隨便找點什麼活動就可以，但是，如果這些活動的意義不是你設計的本意，那你的生活就失去了真正的意義。你能否提高自己的生活品質，並且使自己滿足、有所成長，完全看你能否決定自己真正需要什麼，然後能不能盡量滿足這些需求。生活中最困難的一個過程就是要搞清楚我們自己究竟想要什麼。大多數人都不知道自己真正想要什麼。因為他們不曾花時間來思考這個問題。面對五光十色的世界和各式各樣的選擇，他們更不知所措，所以他們會不假思索地接受別人的期望來定義個人的需求和成

功，社會標準變得比他們自己特有的需求還要重要。

我們總是太在意別人要我們這樣或那樣，以致我們下意識地接受了別人強加於我們的種種動機，結果，努力過後才發現自己的需求一樣都沒能滿足。

更複雜的是，不僅別人的意見影響著我們的欲望，我們自己的欲望本身也是變幻莫測的，它們因為潛在的需要而形成，又因為不可知的力量日新月異。我們經常得到過去十分想要的而現在卻不再需要的東西。

如果有什麼原因使我們總是得不到自己想要的東西，這個原因就是你並不清楚自己到底想要什麼‧就像在大海中航行，如果你不知道目的地是哪裡，就只好遭受漂泊迷失之苦了。所以，在你自己決定想要什麼，需要什麼之前，不要輕易下結論，一定要先做一番心靈探索，真正地了解自己，把握自己的目標。只有這樣，你才能在生活中滿意地前進。

4‧設定目標，規劃人生

有位著名的詩人曾說過：你是自己命運的主人，是自己靈魂的領航者。要過什麼樣的人生就全看你自己。因此，不要輕視設定目標的重要，此刻就定下目標，因為在前面不遠處，就是你的未來。

哈佛大學有一個非常著名的關於目標對人生影響的追蹤調查。該項調查的對象是一群智力、學歷、環境等條件都差不多的年輕人，調查結果發現：

27%的人，沒有目標；

60%的人，目標模糊；

10%的人，有比較清晰的短期目標；

3%的人，有十分清晰的長期目標。

25 年的追蹤調查發現，他們的生活狀況十分有意思。

3%的人，25 年來幾乎都不曾更改過自己的人生目標，他們始終朝著同一個方向不懈地努力。25 年後，他們幾乎都成了社會各界頂尖成功人士，他們之中不乏白手創業者、行業領袖、社會菁英。

10%的人，大都生活在社會的中上階層。他們的共同特點是，不斷地達成那些短期目標，生活品質穩步上升。他們成為各行各業不可缺少的專業人士，如醫生、律師、工程師、高級主管等等。

60%的人，幾乎都生活在社會的中下階層。他們能安穩地生活與工作，但都沒有什麼特別的成績。

剩下的 27%的人，他們幾乎都生活在社會的最底層，他們的生活都過得很不如意，常常失業，靠社會救濟，並且常常在抱怨他人、抱怨社會。

調查者因此得出結論：目標對人生有巨大的導向作用。成功在一開始僅僅是一個選擇。你選擇什麼樣的目標，就會有什麼樣的成就，就會有什麼樣的人生。

由此看來樹立目標對於一個迫切想成功的人來說是多麼重要。人生在世，需要有一個目標。有了目標指引的習慣，你就會感受到肩上的責任，你就會有一種使命感。

(1) 鎖定目標是最重要的

「計畫沒有變化快。」有人常常抱怨地說。

這是一句非常無聊的話，計畫本來就應該帶有變化性，本來就應該帶有彈性，不是每一個計畫都是死板的，變化本來就應該要比計畫快。

當你發現計畫有失誤的時候，當你發現計畫不能幫你實現目標的時候，你就應該改變它。

所以，「計畫沒有變化快」這句話很有它的道理，但是它的意義不是叫你不要做計畫，而是叫你做多套計畫。

就好像從臺北到高雄，你可以選擇搭高鐵，你可以選擇坐火車，你可以選擇在不同的時間到達。你應該有不同的計畫，因為你坐的火車可能會誤點，這樣你就可以選擇搭乘高鐵，或其他交通工具。

方法有很多種，甚至你可以走路去，當然那是最慢的方式，但也是一種方法。

當你發現你的方法效率很低的時候，就應立刻改變。

很多人都忽略了一個概念，就是計畫必須要有三四套以上。他們以為有一套計畫就能成功了，所以當發現中間有失誤時，往往措手不及，導致無法實現目標，這是很多人失敗的原因，也是你過去沒有注意到的一點。

每一個人都有思考盲點，但就是因為這些盲點你看不見，所以你需要透過別人來幫你看。

當你看到這本書的時候，可能就突破了你的某些盲點，這就是為什麼你要看書、要學習的原因。

所以，一定要鎖定你的目標，任何目標都有可能實現。當你發現目標不能夠達成的時候，就立刻採取下一套計畫。這樣隨時修正、檢視目標的過程，就是成功的祕訣。

菲爾德爵士指出：如果你立下的目標變得更加靈活時，你就會發現，一

些美妙的事情開始發生了，你會覺得更放鬆，並且不會損失任何生產力。你甚至可能會更加多產，因為你不必花費太多的精力在焦慮和煩惱上。你要學會遵守最後期限，達到目標，儘管事實是必須稍微地改動你的計畫或完全地改變。同時，你周圍的人也會覺得更加輕鬆。

(2) 計畫、目標、行動要有一致性

你所決定的目標，展現了你的價值觀。你的價值觀代表了你的道德標準，它會引導你的思想和行動。真理、責任、正義、勇氣、人性、誠實、節操、同情、寬容、正直及愛 —— 這些都是你每天必須要考慮，並決定是否要採納和實行的道德標準。

唯有在你的目標符合最深層的價值觀時，你的目標才會有所作用。而且你必須親身去實踐你的價值觀，不能只是隨口說說。

如果你想要擁有高度自尊，如果你想要實現自我價值並獲得快樂，你就要了解為生活所選擇的方向必須符合你所崇尚的價值觀。如果你能將精神上的信念化為行動，那麼你的內心會充滿平和滿足的感覺，而這正是我們每一個人所殷切期盼的。當你努力，且一步步邁向你制定的目標時，你就會覺得自己很有能力，存在很有價值。在朝著目標前進的路上，每到達一個里程碑，你的自信就會增加一分，你的自尊就會有所提高，而且會更有熱情和精力去完成接下來的目標。目標有各種可能性，但是，它們必須符合你的基本價值觀，並以有意義的方式加以周密地計劃和整合。

(3) 目標的自我認定

每個人在社會生活中都要根據自己的實際情況尋找自己生存的目標，因為我們不可能一生下來就有明確的目標，而是在自己的實際生活過程中，逐

漸發現，逐步明確，最後堅定下來的。所以，一個人生存的第一個任務就是為自己尋找生存目標。

地球上所有的生物中，只有人類不具備先天的內建成功軟體系統，這使得人類可以隨意想像他們的積極或消極、贏或輸、成功或失敗。當然，你所獲得的正是你經常看到和想到的。

很多人對於自己的未來懷著模糊的希望，因為目標不明確且太遙遠，常不了了之。殊不知當時的小希望常常是達成大希望的跳板。馬拉松比賽時，不會一心想著遙遠的終點；而是把注意力放在下一個轉角、電線桿等短期目標上。每越過一個短期的目標，就會為自己設定下一個「看得見」的目標。

總之，人生的目標是在社會生活發展變化中產生的，人也是在這種發展變化中尋找到自己的目標，並且使自己的生存變得有價值、有意義。

5・選擇目標要量體裁衣

目標的選擇不可有半點盲目性，這個過程首先在目標的選擇上應明確。只有選擇適當的目標，在實現目標的過程中才會多些動力，少些阻力。

〈小貓釣魚〉的故事裡所蘊涵的道理許多人也許還未真正領悟。小貓就如那些朝三暮四的隨心所欲者，根本沒確定自己的目的 —— 釣魚，更沒有銘記自己所設定的目標 —— 釣到魚，由此就引發了小貓看到蝴蝶和蜻蜓就去追捉的盲目性。其主要原因就是沒有真正為自己設定目標，即使設定了目標，也沒有實現目標的堅定信念。往往人生最大的敗筆不是沒有目標，而是目標

不明確。

　　如果選定了一個目標後就不再受其他因素的誤導和誘惑，那麼它肯定是有收穫的。

　　世界公認的美國商業鉅子艾科卡（Lee Iacocca），就有一種認定目標，全力以赴地去實現它的執著精神。他在擔任美國第二大汽車公司福特公司經理 8 年後，突然被宣布解除職務，成為一名失業者，儘管當時艾科卡已年過半百又遭此重創，但絲毫沒有影響他對目標和事業追求的堅定信念，他重新設定目標，以堅定的勇氣和創造財富的必勝信心，決定再次迎接命運的挑戰。當時，艾科卡有很多的行業可以選擇，但艾科卡根據自己具備的特長和優勢，決定依然堅持自己當初選定的目標，仍從事汽車行業，他將自己半生所有的積蓄作為賭注，以自己所熱愛的汽車行業為基準，毅然受聘於瀕臨破產的克萊斯勒汽車公司。在新的主管職位上，追求的目標和必勝的信心以及頑強的毅力使他成了這個公司的救世主，5 年以後，他不僅為該公司還清了所有的債務，而且創造了淨利達 24 億美元的紀錄。這等於將福特公司的銷售市場搶走了一大半。

　　透過上面這個故事，我們得到的啟示是不該盲目地隨意選目標，沒有根基的目標是靠不住的。但只要選定了，就要有著破釜沉舟的堅定信念，用全力以赴的奮鬥精神去完成它。替自己設定的目標就是人生海洋裡的航標燈，不管有多大的驚濤巨浪，還是另有更美的海市蜃樓，在你心中要有一個定格的信念 —— 向航標燈駛去。只有這樣，在人生的海洋裡才不會迷失自己。

　　美國《成功》雜誌的創辦者奧里森‧馬登（Orison Marden）說過，「世界上有半數的人從事著與自己天性格格不入的工作，而做自己所不擅長的事情往往徒勞無益。因此，失敗的例子數不勝數。在職業生涯的選擇上，要揚

長避短，你的天賦所在即是你命中注定的職業。」

西德尼·史密斯（Sidney Smith）也說過：「不管你的天性擅長什麼，都要順其自然，永遠不要拋開自己的天賦優勢和才能。」

由此可見，在奮鬥目標的選擇上首先應根據自己的諸多條件，從優勢上優先選擇，以免走不必要的彎路。

歸納一下，在目標選擇中有以下幾點值得借鑑。

1　興趣：只有對其興趣濃厚的東西才會充分地激發你的幹勁，充分地發掘出你的潛能。

2　經濟條件：投資和後續力量能及時供給，成功的機率才會增高。

3　人才優勢：能在你所擁有的人才資源內找到能發揮特長的主要力量，有時能達到事半功倍的效果。

4　市場預測：市場經濟時代任何有形的和無形的東西，只要有了賣點，才會有成績和收益。

以上幾點優勢具備後，選定的目標就會隨之形成。在以上幾點的目標選定標準以外，還可根據各人的特定條件加以補充完善。

習慣二　相信自己

　　古代有位哲人曾言：「自知者明，自信者強。」自信心就是一切偉人、一切事業成功者的最重要的習慣之一。只有自尊心而沒有自信心，不是狂妄便是荒誕。

　　自信，使不可能成為可能，使可能成為現實。不自信，使可能變成不可能，使不可能變成毫無希望。

　　隨身帶上自信的習慣，可以使你從平凡走向卓越。當你滿懷信心地對自己說：「我一定能夠成功。」這時，人生收穫的季節離你已不遠了。

1・信心是成功的第一祕訣

一個人要想得到勝利女神的眷顧，首先就得向她展現你勢在必得的自信。自信，就是你迎接成功的最好方式。只要你有了自信，離成功的彼岸就只有半隻腳的距離。

一個經理，把全部財產投資在一種小型製造業上。由於世界大戰爆發，他無法取得工廠所需要的原料，只好宣告破產。事業的破滅，使他大為沮喪。於是，他離開妻子兒女，成為一名流浪漢。他對於這些損失無法忘懷，而且越想越難過。到後來，甚至想要跳湖自殺。

一個偶然的機會，他看到了一本名為《自信心》的小書。這本書給他帶來無比的勇氣和希望，他決定找到這本書的作者，請作者幫助他再度站起來。

他費盡周折地找到作者，向作者講述了自己的故事。那位作者卻對他說：「我興致勃勃地聽完了你的故事，我希望我能對你有所幫助，但事實上，我卻絕無能力幫助你。」

他的臉立刻變得蒼白。他低下頭，喃喃地說道：「這下子完蛋了。」

作者停了幾秒鐘，繼續說道：「雖然我沒有辦法幫助你，但我可以介紹你去見一個人，他可以協助你東山再起。」剛說完這幾句話，流浪漢立刻跳了起來，抓住作者的手，說道：「看在老天爺的份上，請帶我去見這個人。」

於是作者把他帶到一面高大的鏡子面前，用手指著鏡子說：「我介紹的就是這個人。在這世界上，只有這個人能夠使你東山再起。除非坐下來，徹底認識這個人，否則，你只能跳到密西根湖裡。因為在你對這個人充分認識之

前，對於你自己或這個世界來說，你都將是個沒有任何價值的廢物。」

他朝著鏡子向前走幾步，用手摸摸他長滿鬍鬚的臉孔，對著鏡子裡的人從頭到腳打量了幾分鐘，然後退幾步，低下頭，開始哭泣起來。

幾天後，作者在街上碰見了這個人，他的模樣已發生了很大改變，幾乎認不出來了。他的步伐輕快有力，頭抬得高高的。他從頭到腳打扮面目一新，看起來像成功人士的樣子。

「那一天我離開你的辦公室時，還只是一個流浪漢。我對著鏡子找到了我的自信。現在我找到了一份年薪 3,000 美元的工作。我的老闆先預支一部分錢給我的家人。我現在又走上成功之路了。」他還風趣地對作者說：「我正要前去告訴你，將來有一天，我還要再去拜訪你一次。我將帶著一張支票，簽好字，收款人是你，金額是空白的，由你填上數字。因為你介紹我認識了自己，幸好你要我站在那面鏡子前，把真正的我指給我看。」

世界上只有那些有責任的、肯負責任的人，才能獲得成功。只有那些言必行、行必果的人，才能成就大的事業。要承擔對事業的責任，首先必須要有信心，有信心才能激發潛力，有潛力才能相信自己做任何事情絕對能夠成功。

對自己有信心，對未來有信心。

這句話值得你反覆讀，更值得你大聲地讀出來。

信心是一切成就的基礎。對自己有極大信心的人就不會懷疑自己是否處在合適的位置，不會懷疑自己的能力，更不會擔心自己的將來。

信心能給你帶來奇蹟。它是所有不能用科學法加以分析的神祕事物。正是信心使人們的力量倍增，使人們的才幹倍增。如果沒有信心，人們將一事無成。

　　事業的成功固然需要才幹，但更需要你從心靈上、言行上、心態上拿出「信心」來。唯有十足的信心，才能使你保持事業的雄心，才能取得成功。很多人不相信「信心」的存在，將信心與幻想、想像混在一起。這主要在於他們不知道信心為何物。信心就是主觀與客觀之間的關聯環節，是一種精神或心理能力，它不能被猜測、想像和懷疑，但它可以被感知。

　　心理上的成功是一種心態的成功。如果一個人持一種懷疑的心態，那麼其成功也是值得懷疑的。為了獲得成功，必須樹立堅定的信念和持久的信心，絕不允許任何東西動搖你取得成功的信念。

　　只要緊緊盯住已經確定的目標，堅定地相信自己的能力，你就在精神上獲得了成功。

　　下面我們簡單地介紹培養積極心態的幾種方式，供你參考：

1　早上起床後，就要決心快樂地過一天，決心不為瑣事煩心，提醒自己情緒的力量非常強大。如果在愉快、積極的氣氛中醒來，加上潛意識的作用，一天的心情都會舒暢。若因無謂的事而煩惱，應注意趕緊糾正。

2　走路時，不要兩眼看著地面，應該抬頭挺胸，昂首闊步，斷不可妄自菲薄。要祛除孤立的心態，毅然鑽出象牙塔，和外界打成一片，這樣就會看到充滿幸福、親切、愛情、希望的美好事物。這時你會發現，汙穢的街邊居然長著一棵漂亮的樹，街角的修鞋匠雄心勃勃、充滿希望，即使老找你麻煩的上司也有他好的一面，萬事萬物都顯得那麼美好。

3　振作精神，不要做「沒辦法」的人。無論怎麼困難，都應認真思考解決辦法，不可推拖敷衍，不可怕麻煩，不要把時間浪費在無謂的擔

憂上，不要替自己找尋藉口。要知道，成功的哲學在於「天下無難事」、「自助者天助」。

4　假如無意中做下傻事，沒有必要因此捶胸頓足，懊惱不已。事情沒做好，找藉口並不能改變事實，而應力求下一次把事情做得更好。為此應該接受別人善意的批評，把它看成一種激勵的力量，不應心存芥蒂，產生抵觸情緒。

5　不要故意給人難堪，不可對人吹毛求疵，而應處處與人為善，否則別人也會給你臉色看。

6　努力發現別人的優點，多替人著想。聖賢曾說「與其因懷疑而招致誤會，不如沒有疑心而被騙」，相信別人，別人也會相信你。

2‧把信心種在心裡

> 沒有信心的呵護，理想的幼苗是經不起風霜的，我們的目標如果沒錯的話，那麼我們就有理由做好唯一的一件事：要隨身帶上自信的習慣。

不同的人樹立不同的信念，可能有的人每天都有個新的信念誕生，他總在想信念就是早能吃飽晚能安睡，如此而已；還有的人可能一生只有一個信念。

那些有著遠大理想有永恆的信念的人，才能取得成功。而且有時越是在逆境中，就越能顯示信念的力量。往往在最艱苦的環境下，如有一絲信念尚存，它就能支持著你面對現實，堅持下去。

　　卡內基說：「替自己樹立一個信念，去幫助你的理想，那麼，成功的路再難走，你也會走下去，完成它。」

　　當然，任何一件事物的完成都得經歷它所必須經歷的挫折、失敗、甚至從頭再來，但要是沒有信念，你可能就會退縮，甚至於放棄。信念的力量就在於當你面對失敗時，它會及時激勵你，幫助你去克服困難、戰勝一切。

　　我們所知道的成功人士，沒有誰能一帆風順地一步登天，他們都經歷了無數次的失敗和各式各樣的艱難磨練，但當他們遇到困難和挫折時，能和自己站在一起戰勝失敗和挫折的只有堅定的信念。

　　「做什麼都得專注」，走在自己追求理想的路上隨時會出現各種誘惑，那麼，抗拒這些誘惑的首選武器還是信念。

　　一位青年為了尋求成功，將自己最美好的青年時光用在了替別人工作上。在此同時，各種評價和看法相繼而至，其中包括親朋好友的不同觀點，但他依然我行我素，照做不誤。在此期間，他蒐集了大量的成功學資料，在工作期間雖然不計報酬，但他仍然兢兢業業，在接人待物方面，嚴格要求自己，從而使自己的言談舉止都類似於成功人士。他憑信念的支持和自己的努力，終於成了舉世矚目的成功學大師，這個人就是 —— 拿破崙‧希爾。

　　「選擇應該是有道理的，去實施就必然會遇到困難。」不知人們在確立目標之後是否替自己注射過這樣的預防針。如果進行了心靈挫折預防，那麼，你就該養成一個防止退縮的保護罩 —— 信心的習慣。

　　任何人的成功，都需要信念，如果在生命裡剔除信念，那麼成功的存在也就成為泡沫了。

　　麥克‧鮑威爾（Mike Powell）在大學二年級時選定了跳遠運動，在選定這個人生目標的時候，他的最好成績也不過是 7.47 公尺，這個成績在當時

不過是一般水準。

在這以後的 11 年間，鮑威爾一直努力訓練，他所緊盯的目標是當時的全美冠軍，但冠軍是不容易到手的，因為當時的冠軍是卡爾‧路易斯（Carl Lewis），這位跳遠老將已在冠軍的領獎臺上蟬聯 65 次，可想而知，想超越他決非易事。

一次全美冠軍賽上，鮑威爾準備爆發積聚多年的能量，決心要戰勝路易斯成為冠軍。但非常遺憾的是鮑威爾又沒成功，他和路易斯的差別僅僅是 1 公分。

怎麼辦？面對這位 65 次都沒人能超越的強硬對手和再一次的沉重打擊，他已經筋疲力盡，加上這次重創，此時的他如果想的仍是那個冠軍，在旁人看來似乎可以說是有些自不量力了。

但鮑威爾並不認輸，因為這就是他為之奮鬥的目標，他很自信，相信自己一定能做到。以此為信念，他更加刻苦地訓練，準備頑強地突破這個紀錄。

在東京國立競技場裡，路易斯和鮑威爾將在這裡再次展開較量，這是一場世界田徑賽的跳遠比賽現場，真正的角逐將在這裡展開。

此時的世界記錄是 8.90 公尺，但路易斯卻在第四回合時以超出原來紀錄 1 公分的好成績再次突破紀錄，贏得全場的掌聲雷動，歡呼雀躍。路易斯此時也倍覺自信，冠軍的寶座又是自己的了，不過路易斯高興得太早了。鮑威爾在第五回合的試跳中，一舉跳過了 8.95 公尺的好成績，終於擊破了路易斯不敗的神話，同時也打破了保持了 23 年沒人打破的世界紀錄。鮑威爾終於在自信和勇於挑戰信念下實現了夢想。如果鮑威爾在失敗後不再站起，如果沒有一定要爭得冠軍的信心，如果在幾次和路易斯的較量中自我放棄，如果

在路易斯先勝一籌的情況下失去自信，那麼，他就不會取得成功。

　　其實，在成功者的眼裡是沒那麼多的「如果」的。即使有如果也只有一個，那就是 —— 如果你遇到失敗，別忘了，隨身攜帶著自信的習慣，你離成功就不遠了。

3・一分自信，一分成功

> 人類的思想就像電池，它可能是正極，也可能是負極。如果習慣於不斷地用自信心來充電，我們的思想就能發揮積極作用。只要相信自己是一個有用之材，就能夠憑藉自己的能力打出一片天下。

　　堅定的信心是成就偉大事業不可缺少的習慣之一。所謂「世上無難事，只怕有心人」，說的就是這個意思。正如英國人迪斯雷利（Benjamin Disraeli）所說：「機遇不造人，是人創造機遇。」而沒有追逐夢想、實現成功的信心，人生將會缺乏熱情。

　　信心與成功其實是一體的兩面，信心愈堅定，成功的機率也愈大；反過來說，一個沒有信心的人，絕對不會有什麼成就的。

　　成功的人自有其不同於凡俗的神態，那種流露在臉上的堅強自信，正是內心不折不扣的表現。你若是想要出人頭地，一定要具備肯定自我的心態，必先肯定自我，你才會獲得成功。

　　命運如同掌紋，彎彎曲曲，卻握在我們自己的手中。只要不失去那個叫自信的支點，在困難艱險的環境裡，我們同樣可以活得更好；只要我們擁有

信心，我們就可以用心去書寫自己人生的美麗畫卷。

沒有自信，便沒有成功。一個獲得了巨大成功的人，首先是因為他自信。

古希臘的大哲學家蘇格拉底（Socrates）在臨終前有一個不小的遺憾——他多年的得力助手，居然在半年多的時間裡沒辦法替他尋找到一個優秀的弟子。

事情是這樣的：蘇格拉底在風燭殘年之際，知道自己時日不多了，就想考驗和點化一下他的那位平時看來很不錯的助手。他把助手叫到床前說：「我的蠟燭所剩不多了，得找另一根蠟燭接著點下去，你明白我的意思嗎？」

「明白，」那位助手趕快說，「您的思想光輝得好好地傳承下去……」

「可是，」蘇格拉底不慌不忙地說，「我需要一位優秀的服侍者，他不但要有相當的智慧，還必須有充分的信心和非凡的勇氣……這樣的人選直到目前我還未見到，你幫我尋找和發掘一位好嗎？」

「好的，好的。」助手很溫順很尊重地說，「我一定竭盡全力地去尋找，不辜負您的栽培和信任。」

蘇格拉底笑了笑，沒再說什麼。

那位忠誠而勤奮的助手，不辭辛勞地透過各種管道開始四處尋找了。可他帶來一位又一位，總被蘇格拉底一一婉言謝絕了。有一次，當那位助手再次無功而返地回到蘇格拉底病床前時，病入膏肓的蘇格拉底硬撐著坐起來，撫著那位助手的肩膀說：「真是辛苦你了，不過，你找來的那些人，其實還不如你……」

蘇格拉底笑笑，不再說話。

半年之後，蘇格拉底眼看就要告別人世，最優秀的人選還是沒有眉目。

助手非常慚愧，淚流滿面地坐在病床邊，語氣沉重地說：「我真對不起您，讓您失望了！」

「失望的是我，對不起的卻是你自己。」蘇格拉底說到這裡，很失意地閉上眼睛，停頓了許久，才又不無衰怨地說，「本來，最優秀的人就是你自己，只是你不敢相信自己，才把自己給忽略了，不知道如何發掘和重用自己……」話沒說完，一代哲人永遠離開了他曾經深切關注著的這個世界。

這些話給了這位助手很大的信心，因而他經過了自身的努力，終於把蘇格拉底的思想光輝得以順利地傳承了下去。

每個嚮往成功、不甘沉淪者，都應該牢記先哲的這句至理名言：「最優秀的人就是你自己！」只有你才是你生命的重心，也唯有你給自己最有力的肯定，那才是你潛能開發、實現突破的最佳基礎。

自信，就是受到傷害和挫折不會被擊垮，咬著牙露出藐視的微笑，儘管眼中閃著淚光！堅持著不倒下，讓對方害怕，讓困難卻步！要常常想想自己的好，並且強化這種優秀的感覺，給自己更多的激勵和肯定，把自己當做不斷超越的目標，百分之百地信任自己！

做任何事情都是一樣，都要相信自己，只有相信自己，你才能做好。相信自己，遵循內心的夢想努力實踐，自身才會充滿生命的能量，充滿生命的熱情。請相信自己，不論前途多麼崎嶇，它注定要為你延伸一條跨越山脈、走向成功之路。只要你勇敢地朝著希望的方向走，你就不會失敗！

4‧自信自有沖天力

> 自信自有沖天力，捨此便為地獄門。自信心就是一切偉人、一切事業成功的第一條件。只有自尊心而沒有自信心，不是狂妄便是荒誕。

自信是事業成功的第一祕訣。

梁啟超也曾說過：「凡任天下大事者，不可無自信心，每處一事，既看得透徹，自信得過，則以一往無前之勇氣赴之，以百折不撓之耐力持之。雖千山萬岳，一時崩潰而不以為意。雖怒濤驚瀾，驀然號於腳下，而不改其容。」

由此，我們可以看出，自信心對於一個想成就大事業的人來說是多麼重要啊！

隨著人類社會的發展，人的自我存在價值與自我改造社會的作用越來越顯示出巨大的力量，信心與自信成為成功的先決條件。軒轅大帝在風吹草團滾動前進的啟示下造出了車輪；大禹三過家門而不入，帶領民眾治理河道；愚公移山不止的精神，都蘊藏著要使事業成功的強大自信與勇於向大自然挑戰的信念。

蕭伯納說：「有自信心的人，可以化渺小為偉大，化平凡為神聖。」人生中的堅忍、進取、勇敢、耐心、恆心，克服困難，戰勝危險等等一切美德，都產生於自信心。有人說過：「自信是成功之祖。自信會增強才能，使精力加倍旺盛，自信心能增強力量。同時也使生命中許多美德得到發揚，提起了中心指導力。」經過不屈不撓，百折不回，屢仆屢起，不是自信心做基礎，又怎麼可能這樣？

「堯，人也；舜，人也；彼能是，我亦必能是。」有了這種信心，然後就能產生一種不達目的誓不罷休的勇氣與毅力。普通平凡的人，就是在於他們的自信心不如人和自信心不能勝人，自甘墮落的懈惰思想。英雄豪傑就在於自信心超越人和自信一定要勝人，自強不息，奮鬥不止。所以，必須有超乎常人的信心，才能成就非常的事業。對於有信心永不屈服者，便永沒有所謂的失敗。

哈佛大學的一位教授主持了一個有趣的實驗，實驗物件是三群學生與三群老鼠。

他對第一群學生說：「你們很幸運，你們將和天才小白鼠同在一起。這些小白鼠相當聰明，牠們會到達迷宮的終點，並且吃許多起司，所以要多買一些餵牠們。”

他告訴第二群學生說：「你們的小白鼠只是普通的小白鼠，不太聰明。牠們最後還是會到達迷宮的終點的，並且吃一些起司，但是不要對牠們期望太高，牠們的能力與智慧都很普通。」

他告訴第三群學生說：「這些小白鼠是真正的笨蛋。如果牠們能找到迷宮的終點，那真是意外。牠們的表現或許很差，我想你們甚至不必買起司，只要在迷宮終點畫上起司就行了。」

之後六個星期，學生們都在用心地從事實驗。天才小白鼠就像天才人物一樣地行事，牠們在短時間內很快就到達了迷宮的終點。你期望從一群「普通小白鼠」那裡得到什麼結果呢？牠們也會到達終點，但是在這個過程中並沒有寫下任何速度紀錄。至於那些愚蠢的小白鼠，那更不用說了，牠們都有真正的困難，只有一隻最後找到迷宮的終點，那可以說是一個明顯的意外。

有趣的事情是，根本沒有所謂的天才小白鼠和愚蠢小白鼠之分，它們都

是同一窩小白鼠中的普通小白鼠。這些小白鼠的成績之所以不同，是參加實驗的學生態度不同而產生的直接結果。簡而言之，學生們因為聽說小白鼠不同而採取了不同的態度，而不同的態度導致不同的結果。學生們並不懂得小白鼠的語言，但是小白鼠懂得態度，因而態度就是語言。

人生的法則就是信念的法則。在「運氣」這個詞的前面應該再加上一個詞，就是「勇氣」。相信運氣可支配個人命運的人，總是在等待著什麼奇蹟的出現。依賴運氣的人們常常滿腹牢騷，只是一味地期待著機遇的來臨。至於獲得成功的人，他覺得唯有信念方能左右命運，因此他只相信自己的信念。

在別人看來不可能的事，如果當事人能從潛在意識去認為「可能」，也就是相信可能做到的話，事情就會按照那個人信念的強度如何，而從潛意識中激發出極大的力量來。這時，即使表面看來不可能的事，也能夠做到了。

成功意味著許多美好、積極的事物。成功 —— 成就，就是生命的最終目標。

人人都希望成功，最實用的成功經驗，那就是「堅定不移的信心」。可是真正相信自己的人並不多，結果，真正做到的人也不多。

一個人放棄了信心，等於放下了手中的武器，而甘認失敗。信心就是相信自己的理想，自信就是相信自己的能力，從而達到自己的理想。

信心，就是把有限生命的脆弱性與無限生命中的精神堅強性揉合在一起，從而產生一種內在的無比巨大的力量，我們就可以無止盡地走下去，一直要達到自己理想的目的地才終止。有了自信心，就有了戰勝困難的勇氣；有了自信心，才能在最佳心態下去從事前人未曾從事過的偉大事業。

5・信心有多大，發展空間就有多大

> 一個人要想得到勝利女神的眷顧，首先就得向她展現你勢在必得的自信，就是你迎接成功的最好方式。只要你有了自信，離成功的彼岸就只有半隻腳的距離。

「你的心可以創造一個地獄，也可以創造一個天堂，天堂與地獄只是一念之差。」這句話闡明了一個人有無信念的差別。

信念的力量到底有多大？

美籍華人科學家林先生，他個人已擁有 24 項國際專利。有一次林先生回國，飛機途經地中海上空，突然飛機發生故障，出現劇烈的顛簸。機上的乘客開始由緊張而騷動，空中小姐盡力想控制局面，然而極度恐慌的人們仍然是慌作一團。

林先生也被這突如其來的變故嚇得發抖，緊咬的牙關都滲出了血絲，腦袋一片空白。什麼金錢、地位、榮譽，什麼父母家庭、妻子兒女，此刻早已被嚇得煙消雲散，所剩的就只有對死亡的本能恐懼。然而，無意間他瞥見了鄰座有一位客人，非常奇怪，他居然一臉安詳，在那裡祈禱，可能是個教徒，在祈求上帝保佑。

後來飛機奇蹟般地迫降成功。

飛機著陸後，可能是受驚過度，林先生發現自己居然好幾分鐘站都站不起來。但是，他看到那位鄰座的客人卻從容地拎著行李走下飛機。一下飛機，只見他把皮箱往旁邊一放，撲通一下跪在地上，感謝上帝。完畢，他好像什麼事都沒發生過，若無其事地拎著行李離開了機場。

　　林博士自認為自己是一個徹底的唯物主義者，本應該可以坦然面對死亡，可是他想為什麼當時自己就是無法控制那本能的恐懼感，而那位教徒卻可以輕易做到？這次事件對他刺激很大，這倒不是因為飛機事故本身，而是因為後來他終於「悟」透了其中的奧祕。其實道理非常簡單，在飛機發生事故的整個過程中，那位教徒滿腦子都是「上帝保佑，快來搭救我」。試想，一旦飛機安全著陸，他會怎麼想？哇，上帝果然無所不能，感謝上帝；如果飛機真的失事了，他又會怎麼想？噢，上帝，我很快就能在天堂見到你了，感謝上帝。也就是說，不管飛機失事與否，面對死亡，這位教徒此刻都能保持一顆平靜的心，因為他有一個信念：上帝與我同在！這位教徒，因為堅信「上帝與我同在」，因此即使面對死亡，也處事不驚；林先生因為對「死亡」沒有足夠堅定的信念，因此當死亡突然來臨時，幾近崩潰。當然事後，林先生並沒因此而信教，但後來他經常對他的學生、職員，以及在許多場合都提起這個故事，他說自己最大的感悟是：信念是有力量的。

　　生活中，也許我們不曾經歷過死亡的恐懼，但是類似的故事影片都經常能看到。比如，小時候看電影，常能看到一些這樣的情景：一個正面人物被壞蛋打得奄奄一息，但他肯定不會死，因為壞人還沒死。一旦壞人被除掉，他便立即頭一低，含笑於九泉了 —— 因為支撐他生命到最後的支柱就是一定要把壞人徹底消滅掉的信念。

　　現實生活中我們也聽說過，一位父親病危，但一息尚存，因為他在等待遠方正趕回來的兒子。當兒子趕到床前，痛楚地呼喚，父親會緩緩地睜開眼睛看兒子一眼，然後又緩緩地閉上雙眼，幽幽地飄然仙去……是什麼在支撐這位父親的生命？這是信念的力量 ——「一定要看兒子最後一眼」在支撐著他。

類似能證明信念力量的例子多如牛毛。當你堅信某一件事情時，就無疑替自己潛意識下了一道不容置疑的命令，有什麼樣的信念，就決定你有什麼樣的力量。一切的決定、思考、感受、行動都受控於某種力量，它就是我們的信念。一個人若有了積極的信念，那麼很多事情就會迎刃而解。

信念統轄靈魂，能給我們積極的暗示，會促使我們用積極的態度去理解、解決問題。

6・想什麼，就會成為什麼

信心就是一種力求實現自我的個人理想的原動力。一個有信心的人做事與眾不同，他不會隨波逐流，不會虛耗光陰，因為一旦信心浸入他的靈魂，會自己生成一種改變自我改變環境的信念。而信念，正是支撐理想變成現實的「鷹架」。

凱撒某次乘船外出，突然海上起了風暴，船夫驚慌失措，滿臉恐懼。凱撒卻安慰他說：「你擔心什麼呢，要知道你現在是和凱撒在一起。」

美國政治家約翰・考宏（John Calhoun）就讀耶魯大學時，生活艱難卻廢寢忘食地勤奮學習，一些同學常常以此譏諷他。他回答道：「這有什麼奇怪的。我必須抓緊時間學習，這樣我才能在國會有所作為。」聽了這話，對方報以大笑，考宏卻認真地說：「你不相信？我只要三年的時間就可以當國會議員，如果我不知道自己有這樣的能力，我還會在這裡讀書嗎？」

一項科學研究發現，對逆境持樂觀態度的人會更具攻擊性，會冒更大的風險；對逆境持悲觀態度的人則會消極和謹慎。反映在自信心上，自信的人，

在逆境中往往更容易保持樂觀，自然也就容易達到成功的目標。缺乏自信的人則表現出消極，對前途喪失信心，不努力爭取。自信心是希望和韌性的展現，在很大程度上決定了一個人如何對待生命中的挑戰和挫折。

一個人的心理狀態很重要，在潛意識裡認為自己是什麼樣的人，他很快就會按照自己的想像去塑造自己。如果他從內心深處覺得自己很重要，並把這種感覺化作一種動力，就能順利地推動自己邁向成功。許多自以為是的人，會讓人們感到不舒服，但這也是一種自信的表現，表示他們相信自己能夠達到那樣的水準。命運替每個人在人生道路上都安排了一個位置。為了不讓自己在到達這個位置之前就跌倒，我們需要對未來充滿希望和信心。正是由於這個原因，那些雄心勃勃的人或多或少都帶有一些強烈的「自以為是」的色彩。當今世界是一個尊崇勇氣和膽量的世界，缺乏遠大志向的人和畏懼困難的人會讓人輕視的，自信心預示著一個人能否成為一個成功的人。

在我們的生活中，絕大部分的恐懼，往往是對自己缺乏信心造成的。例如，在面對困難時表現出情緒低落、畏懼困難、恐慌等。成功的大敵就是猶豫不決、懷疑和恐懼，當你被疑慮和憂懼纏繞，對自己沒有信心時，也就喪失了成功的機遇。

信心是邁向成功的第一步，現在很多人崇尚「知足常樂」，固然，知足常樂可以作為一種生活態度，可以讓人過得更輕鬆，但是卻絕對不可以當作人生信條。我們生活在這個世界上，就必須要不斷地奮鬥，不斷地向另外一個目標前進。沒有野心的人是可悲的，不管他多麼有才華，沒有了進取的信念，就只能成為一個庸庸碌碌的人。

明宇和葉子考進了同一所全國著名的學校，在學校學習期間，兩個人都十分努力，成績優秀。大學生就業越來越困難，幸運的是，畢業的時候，一

家國際知名的大企業到學校來招聘，兩個人都順利地過關斬將，成功地獲得了僅有的兩個待遇優厚的職位。

因為是校友，又到了同一個公司，兩人自然就成了好朋友。

在別人眼裡他們是幸運的，從一個普通學生一下子就跨入了白領階層。葉子也是這樣想，她對自己的工作十分滿意，認為自己以前所有的努力終於有了回報。所以，她總是小心翼翼地在工作上不出一點差錯，生怕丟了飯碗。

可是明宇則不然，到公司以後，他的工作也很出色，頗受上司賞識。但是明宇覺得這家公司不太適合自己發展，於是累積了一段時間經驗以後，毅然決定辭去待遇豐厚的職位，打算自己下海打拼，臨行前，明宇和葉子打了個招呼。

「什麼？你瘋啦！好好的工作不做，辭職了沒收入怎麼辦？做生意破產了怎麼辦？」葉子顯然不理解明宇的想法。

「工作了一段時間，我覺得應該出去闖一闖了，『王侯將相，寧有種乎！』我也可以做一番大事業，也可以自己當老闆！」明宇充滿信心地說。

「做人穩當就可以了，不要有那麼大野心，而且我們現在的工作待遇已經很高了，別人想找還找不到呢！」葉子善意地勸說明宇。

「葉子，現在競爭激烈，我們不能安於現狀，人不能沒有一點野心。妳也一樣，別老是安於目前的狀態，我看這家公司還是很適合妳發展的，妳也要有個奮鬥目標才行。」明宇反過來勸說葉子。

最後，明宇還是離開公司自己闖蕩去了，葉子依舊兢兢業業地保護著她那「穩定的工作」。

兩年後因為政策的調整，葉子所在的公司進行了一次大幅度的人員調

整，葉子雖然工作上沒出過什麼錯，可是因為太「不進取」，被公司列在裁員名單裡，只好重新找工作。而此時，明宇已經是一家公司的總裁了。

一個沒有夢想的人是可悲的，而信心是成就夢想的第一步。

如果我們逐漸失去跨出圍繞我們的桎梏的勇氣，那麼我們將把自己對人生的夢想和信心一個個拋棄掉。而沒有追逐夢想、實現信心的熱情，人生則必然會是暗淡的。

習慣三　立即行動

富蘭克林說：「從事一項事情，先要決定志向，志向決定之後就要全力以赴、毫不猶豫地去實現。」養成向著目標立即行動的習慣，是每一個成功人士必備的素養。

當事情不如意時，一定是你沒有掌握正確的方法；當完成的速度不夠快時，一定是你使用的策略不對。當你開始拖延時，一定是你的優先順序沒有排列好，因為你不知道這件事有多重要。

凡事掌握其根源，不要把事情複雜化，立刻採取行動，必定會得到非常大的收穫和成效，不管你現在要做什麼事，請立刻行動！

1・一百個想法不如一個行動

拿破崙曾說：「想得好聰明，計劃得好更聰明，做得好是最聰明又最好。」

成功要有明確的目標，但這只相當於給你的賽車加滿了油，弄清了前進的方向和線路，要抵達目的地，還得把車開動起來，並保持足夠的動力。

你採取多大行動才會有多大的成功，而不是你知道多少，就會有多大的成功。不管你現在決定做什麼事，不管你設定了多少目標，你一定要立刻行動。唯有行動才能使你成功。

現在做，馬上就做，是每個成大事者必備的習慣。

有很多人這麼說：「成功開始於想法。」但是，只有想法，卻沒有付出行動，成功還是離你很遠。

我們大都讀過這樣一則古文：〈蜀之鄙有二僧〉。

在四川的偏遠地區有兩個和尚，其中一個貧窮，一個富有。

某一天，窮和尚對富和尚說：「我想到南海去，你看怎麼樣？」

富和尚說：「你憑藉什麼呢？」

窮和尚說：「我有一個水瓶、一個飯缽就足夠了。」

富和尚說：「我多年來就想買船沿著長江而下，現在還沒做到呢，你就憑這些去？」

第二年，窮和尚從南海歸來，把去南海的事告訴富和尚，富和尚深感慚愧。

窮和尚與富和尚的故事說明一個簡單的道理：光說不練是達不到目的的，

只有行動才是成功的保證。

克雷洛夫（Ivan Krylov）說：「現實是此岸，理想是彼岸，中間隔著湍急的河流，行動則是架在河上的橋梁。」行動才會產生結果。行動是成功的保證。任何偉大的目標、偉大的計畫，最終必然落實到行動上才能得到實現。

德謨克利特（Democritus）是古希臘的雄辯家，有人曾經問他雄辯之術首先要做的是什麼？

他說：「行動。」

「第二點呢？」「行動。」

「第三點呢？」「仍然是行動。」

人有兩種能力，思考能力和行動能力，沒有達到自己的目標，往往不是因為思考能力，而是因為行動能力。

在成大事者的眼中，思想與行動同等重要。如果你每天都在想著做什麼，而不付諸於實際行動，那只能是空想，永遠也不會成功。

有一篇僅幾百字的短文，幾乎世界上主要的語種都把它翻譯出來了。光是紐約中央車站就將它印了 150 萬份，分送給路人。

日俄戰爭的時候，每一個俄國士兵都帶著這篇短文。日軍從俄軍俘虜身上發現了它，相信這是一件法寶，就把它譯成日文。於是在天皇的命令下，日本政府的每位公務員、軍人和老百姓，都擁有這篇短文。

目前，這篇〈把信送給加西亞〉已被印了億萬份，在全世界廣泛流傳，這對有史以來的任何作者來說，都是無法打破的紀錄。

這篇短文的作者是阿爾伯特‧哈伯德（Elbert Hubbard），文章最先出現在 1899 年的 Philitinc 雜誌，後來被收錄在戴爾‧卡內基（Dale

Carnegie）的一本書中 —— 在一切有關古巴的事情中，有一個人最重要的，當美西戰爭爆發後，美國必須立即跟西班牙反抗軍首領加西亞取得聯繫。加西亞在古巴叢林的山裡 —— 沒有人知道確切的地點，所以無法寫信或打電話給他，但美國總統必須盡快與他合作。

怎麼辦呢？

有人對總統說：「有一個名叫羅文的人，有辦法找到加西亞，也只有他才找得到。」

他們把羅文找來，交給他一封寫給加西亞的信，那個叫羅文的人拿了信，把它裝進一個油質袋子裡，封好掛在胸前，划著一艘小船，四天以後的一個夜裡，在古巴上岸，消失於叢林中，接著在三個星期之後，把那封信成功地交給加西亞。

羅文接到了麥金利總統寫給加西亞的一封信時，他沒有要求任何條件，也沒有任何藉口，更沒有任何抱怨，只有行動，積極、堅決的行動，因而他出色地完成了任務。

「只有行動賦予生命力量。」羅文為德謨克利特、克雷洛夫、拿破崙的話做了最好的注解。人是自己行為的總和，是行動最終展現了人的價值。只有養成行動的習慣，你才能實現你的夢想，實現你的目標，實現你的諾言。

對於每個人來說，一直在想而不去做，就根本完成不了任何事情。

對於一個偉大的藝術家來說，他會力圖不讓任何一個想法溜掉。當他產生了新的靈感時，會立即把它記下來。即使是在深夜，他也會這樣做。他的這個習慣十分自然，毫不費力。

對於一個優秀的員工來說，當早晨六點鬧鐘響時，即使是睡意正濃，他也會立即按時起床，而不是像一些人起身關掉鬧鐘，再回到床上去睡。對於

優秀員工來說,「立即行動」就是他的座右銘。

　　許多人都為自己制定過不只一個目標,但是有些人往往一個也實現不了。因為相對來說制定目標是一件容易的事情,難的是付諸行動。制定目標可以坐下來用腦子去想,實現目標則需要扎扎實實的行動。

　　所有的夢想必須化為行動,因為行動才有力量。不管你現在決定要做什麼事,不管你現在設定了多少目標,請你一定要立刻行動。

　　只有去做才是最重要的,而且是從現在開始去做,而不是從「明天」、「下個禮拜」、「以後」、「將來某個時候」或「有一天」開始去做。

　　「現在」這個詞對成功而言妙用無窮。如果你時時想到「現在」,就會完成許多事情;如果常想「將來一天」或「將來什麼時候」,你就一事無成。

　　歌德說:「把握住現在的瞬間,把你想要完成的事物或理想,從現在開始做起。只有勇敢的人身上才會擁有天才、能力和魅力。因此,只要做下去就好,在做的過程當中,你的心態就會越來越成熟。能夠有開始的話,那麼,不久之後你的工作就可以順利完成了。」

2‧成功在於多次嘗試

試試就能行,爭爭就能贏!試一試,就是嘗試、體驗,對願望有所行動。「一等二靠三落空,一想二做三成功」這是一句簡單的諺語,卻也揭示了一個道理:邁向成功需要冥想,更需要行動。

　　有個笑話。一個醉鬼三更半夜跌跌撞撞地往家裡走,可是連方向都弄錯

了，竟走到一片墓地裡。有一家人明天要給親人送葬，提前挖了個大深坑。醉漢一不留神掉進了坑裡。他費了九牛二虎之力仍然爬不上來。正當他準備稍事休息再往上爬時，突然有人冷不妨地在他肩上拍了一下，陰陽怪氣地說：「別費勁了，我試過了，你爬不上去的……」這一驚嚇非同小可，他以為遇到了鬼，噌！一下子躍出坑外，撒腿跑了個無影無蹤。原來拍他的人也是個掉到坑裡的醉鬼。

你之所以還僅僅只是在想成功，是因為現狀還沒有把你逼上絕路，你還得混下去。所以你必須讓自己強烈地恐懼你現在的樣子，否則，長此以往，你就會像一隻放在一鍋冷水中的青蛙一樣，終有一天難逃苦海，而變成一鍋「青蛙湯」的。

決心，強烈的決心，只有你決定改變的心才能幫助你迎向成功。試一試不同於想一想。小馬過河的故事眾所周知，未踏進河你將永遠不知河水的深淺，做任何事都應有試一試的幹勁，別因一點困難而退卻，人最難得的就是遇到困難也不退卻。魯迅先生說過，人最可貴的是跨出第一步，坐而等待平安，等著前進，如果能夠可以的話，那自然是很好的，但有些人卻等到頭髮花白什麼也沒有等到，那又如何呢？有個人很懶，看著別人農地裡今年又是大豐收了，他得意地想：要是我農地裡種的玉米今年是大豐收，那該多好呀！留一些吃，拿一些去賣，換來錢可以買回一條狗，買新衣，還買……可是在別人忙於耕種施肥時，他在睡覺；別人忙於鋤雜草，料理農地裡種的農作物時，他還是在睡覺。結果可想而知，當別人獲得大豐收，他還是望著農地裡雜草叢生做美夢。那句話說得好，願望只是美麗的彩虹，行動才是澆灌果實的雨水。

試一試又要有想一想作為指導的前提。不加思索埋頭苦幹，那是盲目的

舉動；漫不經心地蜻蜓點水般地做事，那將事倍功半。俗話說，說到不如做到，但做到首先要想到，必要時還需三思而後行。成功不是唾手可得的，不是努力一次即可邁向終點的。有的同學臨近考試時挑燈夜讀，結果沒考好，憤憤然地說：「太不公平了，我都苦戰幾個日日夜夜了，結果才得這點分。」可是你捫心自問，平時不努力，幾天的努力就能彌補以前的懈怠嗎，愛迪生發明電燈，他試了多少次？熬了多少個日日夜夜？記住了：「雲彩有更多霞光才愈美麗，從雲翳中外露的霞光，才是璀璨多彩的。」

人生的本質在於創造，而創造就是改變人生的行動。由此可見，行動即是人生目標。

內斯美是一位出色的高爾夫球選手，他通常能打出 90 多桿。後來他有七年時間完全停止玩球。令人驚異的是，當他再回到比賽場時，又打出了漂亮的 74 桿。內斯美的故事說明，如果我們期望實現目標，就必須首先看到目標完成。內斯美沒有玩球的七年是在與世隔絕的俘虜收容所裡度過的，見不到任何人，無法做正常的體能活動。前幾個月他幾乎什麼也沒做，後來他意識到要保持清醒頭腦並活下去，就得採取特別積極的措施。於是，他選擇了心愛的高爾夫課程。在其心裡他每天都堅持玩整整 18 個洞。他在心中打球，所花時間跟他在高爾夫球場上玩球一樣長。在七年裡，他一直在心裡玩那完美的高爾夫球，從來沒有一次漏打了球。

這個例子說明，一個人要想達到目標，在達到之前，心中就要「看見目標完成」。

行動會增強自信心，猶豫只會帶來恐懼。克服恐懼的唯一辦法就是立即行動。

跳傘的人拖得越久越害怕，就越沒有信心。「等待」甚至會折磨各種專

家，並使他們變得神經質。有經驗的教師站在講臺上長時間不開口也會緊張得不得了。著名播音員愛德華‧默羅（Edward Murrow）在面對麥克風之前總是滿頭大汗，一開始播音以後，所有的恐懼立即「煙消雲散」了。行動可以治療恐懼，許多老演員也有這種經驗，立即進入狀態，可以解除全部的緊張、恐怖與不安。一般人則不了解這個道理，他們應付恐懼的常用辦法就是「不做」或迴避。多數推銷員就經常這樣，他們經常怯場，結果是越來越糟。克服恐懼的最佳辦法，就是立刻就做。不管做什麼事，一經決定，就立刻進入狀態。

　　寫作、繪畫都需要創意、創造力。很多人都是強調靈感還沒來。其實，靈感必須在進入狀態之後才能產生。不寫、不畫、不進入創作狀態，哪來的靈感。

　　著名的科幻小說家弗雷德里克‧波爾（Frederik Pohl）常被問到，該如何克服在寫作上所遇到的種種阻礙與瓶頸？他說：「當發現自己陷入困境時，就先寫些粗糙的草稿。先不管它有多麼粗糙、缺點多麼多。之後，再回頭來慢慢改寫。」

　　「這樣的方法幫了我不少的忙，使『障礙』不再無限期地延續下去。我只顧硬著頭皮做下去，不管想到什麼可能的思路，都把它寫在紙上。如果之後覺得那些東西不好，我隨時都可以修改。而與此同時，我也就前進了一步。」

　　「不要幻想自己寫得確實『很精采』。你所要做的就是把它寫下來，然後，你就能有一個明確的東西，可供你去改寫、修正、提高。」

　　「這和打棒球時不同，你最多只能擊球三次，就得出局。但對於寫作的修正、改寫，卻是毫無限制的；你想擊多少次就擊多少次，而且或遲或早，你

總會擊中的。」

真正的成功者不會在一開始付出努力的時候，就希冀得到傑出的成果，或在一開始就達到十全十美。他們也不會因為害怕出差錯或被人視為愚蠢、被人批評，就放棄心中的理想、目標，或拒絕去嘗試新的東西。

成功者知道，如果他們不去嘗試，就永遠實現不了、接近不了自己的目標。他們絕不會等待情緒良好、一切順利才開始著手。因此，只要有一個不完備的計畫、一個粗糙的想法、念頭、草案，他們就會開始去嘗試、發展、實驗，並且在嘗試、付出的進程中，不斷地自我學習、充實，並且修正改進。

《新約‧馬太福音》第 25 章敘述耶穌帶領門徒向耶路撒冷行進，一路上對門徒諄諄講道。

耶穌坐在橄欖山上時，給門徒們講了一個故事。

故事的主人公是一個貴族，他要出門到遠方去。臨行前，他把僕人召集起來，依照著各人的才幹，給他們銀子。

後來，這個貴族回國了，就把僕人叫到身邊，了解他們經商的情況。

第一個僕人說：「主人，您交給我五千兩銀子，我已用它賺了五千兩。」

貴族聽了很高興，讚賞地說：「好，善良的僕人，你既然在賺錢的事上對我很忠誠，又這樣有才能，我要把許多事分配給你管理。」

第二個僕人接著說：「主人，您交給我二千兩銀子，我已用它賺了二千兩。」貴族也很高興，讚賞這個僕人說：「我可以把一些事交給你管理。」第三個僕人來到主人面前，打開包得整整齊齊的銀子說：「尊敬的主人，看哪，您的一千兩銀子還在這裡。我把它埋在土裡，聽說您回來，我就把它挖了出來。」貴族的臉色沉了下來。「你這又惡又懶的僕人，你浪費了我的錢！」於

是奪回他這一千兩，給那個有一萬兩的僕人，並說：「凡是有的還要加給他；沒有的，連他所有的也要奪過來。」

埋沒錢財，就是浪費，如第三個僕人的作為；不行動，也就是潛能最大的浪費。行動是潛能的挖掘機。凡是大有作為的人物都不會等到精神好時才去做事，這是因為他們深諳「行動誘發行動」這個自然原理。

3・「不猶豫」從而「不後悔」

世上有絕大多數的人都因拖延的陋習而一事無成。過度謹慎是缺乏自信的表現，杜絕猶豫，立即行動，你才能與成功靠近。

在現實生活中碰到問題，一般有兩種處理方法：一是果斷處理，二是猶豫不決。前者能夠及時解決問題，為下一步工作做好充分的準備；而後者在做事上既耽誤了時間，又失去了做事的最佳時機。

在拳擊擂臺上，正在爆發一場大戰：彼特與基恩正為拳王榮譽而戰。基恩最後勝利，興奮不已，而彼特則垂頭喪氣。在戴上金腰帶時，基恩說了一句名言：「身為拳手，最忌諱的是優柔寡斷，看準了就重重打過去是最好的選擇。」

的確，擂臺上沒有退路 —— 不給優柔寡斷者留下一條可以逃脫之路！

人們往往會不自覺地犯這樣的錯誤：在從事一項極為重要的事業時，他們往往先為自己準備好一條退路，以便在事情稍有不順時，能有一個逃生之所。但是大概每一個人都應有這樣的認識：即便戰爭進行得非常激烈，如果

還有一線退卻之門為他而開，他大概是不會使出自己的全部潛力的。只有在一切後退的希望都已斷除的絕境中，一支軍隊才肯使出拚命的精神去奮戰到底。

想成功你不妨斷絕你的一切後路，將你自己的全部注意力貫注於你的事業中，並抱有一種無論任何阻礙都不向後轉的克服危機的決心，這樣的精神是最難能可貴的。正是在遇到阻擊時，因為缺乏堅韌的耐力而向後轉，才使這世界多樹立了千萬個因放棄戰鬥而挫敗者的墓碑。

當凱撒率領他的軍隊在英國登陸時，他決意不給自己的部下留任何退路。他要讓他的軍士們明白，此次進攻英國，不是戰勝，就是戰死。為此，他當著士兵的面，把所有的船隻都燒毀殆盡。拿破崙也一樣，他能摒除一切會引起衝突的顧慮，具有在一瞬間下最後決定的能力。

在現實中，最可憐可嘆的是那些一直遊蕩、徘徊不定的人。他們也很想上進，但他們不能使自己像火石一般不曲不折地直飛向目標，他們不曾斷絕自己的後路，他們不曾抱著義無反顧的氣概。

正如一位憂鬱成疾哲學家的感慨一樣，臨死前，只留下一段對人生的批註：如果將人生一分為二，前半段的人生哲學是「不猶豫」，後半段的人生哲學是「不後悔」。

有一位比較有名氣的哲學家，天生一股文人的特殊氣質，不知道迷倒了多少女人。某一天，一個年輕的女子來敲他的門，她說：「讓我做你的妻子吧！錯過我，你將再也找不到比我更愛你的女人了！」哲學家雖然也很中意她，但仍回答說：「讓我考慮考慮！」事後，哲學家用一貫研究學問的精神，將結婚和不結婚的好處和壞處分別羅列出來，之後發現，好壞均等，真不知該如何選擇。

於是，他陷入了長期的苦惱之中，無論他又找出了什麼新的理由，都只是徒增選擇的困難。最後，他得出一個結論 —— 人若在面臨抉擇而無法取捨的時候，應該選擇自己尚未經驗過的那一個。不結婚的處境我是清楚的，但結婚是個什麼樣的情況，我還不知道。對！我該答應那個女人的請求。

哲學家來到那個女人的家中，對她的父親說：「你的女兒呢，請你告訴她，我考慮清楚了，我決定娶她為妻！」女人的父親冷漠地回答：「你來晚了十年，我女兒現在已經是三個孩子的媽了！」

哲學家聽了，整個人幾乎崩潰，他萬萬沒想到，向來自以為傲的頭腦，換來的竟是一場悔恨。而後，哲學家憂鬱成疾，臨死前，只留下一段對人生的批註 —— 如果將人生一分為二，前半段的人生哲學是「不猶豫」，後半段的人生哲學是「不後悔」。

人生哲學真是「不猶豫」從而「不後悔」。對有志者而言，最大的竊賊就是猶豫，直到現在仍然如此！

有人喜歡把重要的問題擱置一邊，留待以後去解決，這實在是一種不良的習慣。假如你染上了這種習性，就應趕緊費盡力氣去練習一種敏捷而有決斷力的本事。無論當前的問題多麼嚴重，需要你瞻前顧後權衡利弊，你也不要一直沉浸在優柔寡斷之中。假使你仍然心存一種凡事慢慢來或做壞了再重新考慮的念頭，你是注定要失敗的。寧可讓自己因果敢的決斷而犯下一千次錯誤，也不要姑息自己養成一種優柔寡斷的習慣。

一個人在剛開始時不免會犯這樣那樣的錯誤，但一旦他累積了經驗以後就不會重蹈覆轍了。那些在解決每個問題時都想留有餘地的人，他的一生中將會一事無成！

4‧拖延的習慣，能把自己拖垮

> 拖延的習慣，可以把自己拖垮；拖延的習慣，只能讓別人領先。拖延的習慣，是時間管理中的最重要的罪惡。

很多人都有這樣一種經歷：清晨，鬧鐘把你從睡夢中驚醒，你想著自己所訂的計畫，同時卻留戀著被窩裡的溫暖，一邊不斷地對自己說：該起床了，一邊又不斷地替自己尋找藉口──再等一會兒。於是，在猶豫不決之中，又躺了 5 分鐘，甚至 10 分鐘。

拖延在我們的生活中經常會遇到，如果哪天你把一天的時間記錄一下，會驚訝地發現，「拖延」耗掉了我們很多的時間，失去了許多機會。

你大可凡事拖延，但時間卻不會等你。

一個求職者在填寫應聘書時，在工作的種類上猶豫起來。於是他回家準備考慮一下再做決定，第二天他又去了這家公司，可是這家公司的人事部的負責人俯身對他說：「對不起，下一次再說吧！」就這樣這位求職者在猶豫中失去了一次很好的工作機會。

拖延給幻想者留下惆悵，行動給創造者帶來幸福。要知道你等得越久，情況就越糟糕。

有一個年輕的男子，一直暗戀著一個女孩子，他一直沒有大膽地採取行動，他一直在等待著，等待著有一個好的機會，再向她表白，時間就這樣一天天地流逝，不知不覺地兩年過去了……直到那位女孩子成為他人之妻，他才猛然醒悟，但為時已晚了，留給他的只是無盡的哀嘆……

世上最誤人的莫過於拖延的習慣，世間有許多人都是因為被此種習慣所

累而陷入了人生的困境。

有這樣一個故事：

有一位國王做事喜歡拖延，有一次他收到一封潛伏在敵國的間諜發回來的緊急情報，他沒有把情報拆開，而是隨手放在了餐桌上，心想：「明天再處理吧！」第二天，在吃早餐的時候他看見了那封緊急情報，仍然覺得沒有什麼大不了的事，等會再說，於是先讓侍臣為他斟上了一杯香醇的美酒，喝完之後，他才慢慢拆開信件，看完信。他立刻跳了起來，原來上面說：國王的侍臣中有間諜，他接到了毒殺國王的命令。國王想召集侍衛，可是已經太晚了，鮮血從他的嘴角流下來，他剛才喝的正是那杯毒酒。

只不過把事情拖了一個晚上，國王就付出了生命的代價，如果他能做到立即行動的話，那麼情況就會完全不一樣了。生活中，許多人都有拖延的習慣，由於這種習慣，他們可能出門沒趕上車，上班遲到，或者失去可能更好地改變他們整個生活進程的良機。所以，無論什麼情況下，如果你想做什麼事情的話，那就馬上開始行動，千萬不要拖延。我們應該戒掉拖延的習慣，要不斷提醒自己「立即行動」，因為只有這樣你才能抓住寶貴的時機，成為你想成為的人。

拖延能毀掉你最簡單的夢想，而立即行動卻能把你最偉大的夢想變為現實。

你大可凡事拖延，但時間卻不會等你。要立即行動，決不能拖延，才能獲得事業成功的青睞。

某一天，李經理準備到辦公室著手草擬下年度的部門工作計畫。

他9點整走進辦公室，突然想到不如先將辦公室整理一下，以便在進行重要的工作之前為自己提供一個乾淨與舒適的環境。他總共花了30分鐘的

時間，瞬間他的辦公環境變得乾乾淨淨，於是面露得意神色，隨手點了一支香菸，稍作休息。此時，他無意中發現雜誌上的彩色圖片十分吸引人，便情不自禁地拿起來。

等他把雜誌放回架上，已經 10 點鐘了。這時他略感時間流逝的不自在，不過，欣賞欣賞也是一種生活的調節呀，這樣一想，他才稍覺心安。接著，他靜下心來正準備埋頭工作。

就在這個時候，手機響了，那是女朋友的電話。於是他毫不猶豫地聊了一陣，他感到精神奕奕，真的以為可以開始致力於工作了。可是，一看錶，已經 10：45！距離 11 點的午餐只剩下 15 分鐘。他想：反正這麼短的時間內也辦不了什麼事，不如乾脆把計畫內的工作留待下午算了。

許多人都有拖延的習慣。由於這種習慣，他們可能出門沒趕上車，上班遲到，或者更重要的 —— 失去可能更好地改變他們整個生活進程的良機。沒有別的什麼習慣，比拖延更為有害；更沒有別的什麼習慣，比拖延更能使人懈怠、減弱人們做事的能力。

人應該極力避免養成拖延的惡習。受到拖延引誘的時候，要振作精神去做，絕不要去做最容易的，而要去做最艱難的，並且堅持做下去。這樣，自然就會克服拖延的惡習。拖延往往是最可怕的敵人，它是時間的竊賊，它還會損壞人的品格，敗壞好的機會，掠奪人的自由，使人成為它的奴隸。

要醫治拖延的惡習，唯一的方法 —— 立即去做自己的工作。要知道，多拖延一分，工作就難做一分。

「立即行動」，這是成功者的習慣，只有「立即行動」才能將人們從拖延的惡習中拯救出來。

凡是決定去做的事，不應拖延著不去做，如果你一心想著留待將來去

做，你注定是人生競技場上的弱者。凡是有力量，有成功經歷的人，總是那些在目標確定後就滿腔熱忱地去做的人。

5．先做後說是一種美麗的行為

有些人在生活中，習慣於誇誇其談，實際動手的能力不足，常常是想的和說的多，而實際實現的很少，最終導致人生的失敗。

人生所有的設想和計畫只有付諸於行動才會有可能變為現實，不管是多麼偉大的構想，如果不做就不會替自己和他人帶來什麼收穫，所以，人生的關鍵就是行動。

先做，然後才能知道能不能實現自己的計畫，因為在做的過程中才能發現問題，才能知道困難有多大，也才能具體地去尋找解決的辦法。最後才能把想的東西變為實際存在的東西。

先做，才有發言權，沒有做過什麼事情的人是不知道事情的艱難，也不會有什麼經驗可談的，要談也是空洞地談，沒有什麼實際的內容。做過了事情就會累積一定的經驗，就會有話要說，就不會說空話，說出來的話才有說服力。

先做後說是一種良好的習慣，培養這種習慣，就會使你的人緣建立在可信可靠的基礎上，你就會受到別人的喜愛；先做後說是一種美麗的行為，培養這種習慣，就會使你在做事的天平上增加了行動的砝碼，會讓你走向成功。

高樓大廈是由一磚一瓦疊起來的，萬里長征是一步一步走過來的，所有的大事業都是由小事情一點一點發展起來的。生活或工作中，有些人就是看不見小事情，不願意做小事，總想做一番轟轟烈烈的大事，可是一直沒有大事讓他展現自己的才能，所以，常常感嘆英雄無用武之地。其實這都是眼高手低，大事做不來，小事又不幹的壞習慣。

你要想人生有所作為，走向成功，就必須培養從小事做起的習慣。

有一個很有才華的人，整天想著要寫一本世界名著，看不上寫豆腐塊的小文章，結果，多年過去了，名著沒寫出來，小文章也沒有，白白地讓滿腹才華失去了表現機會。

相反地，另一個人才能一般，但是多年來，一直寫小文章，積少成多，由小變大，最後，著作等身，收穫頗豐，成功實現了自己的理想。

兩種人生，兩種不同的結果，告訴我們：人生就是從小事上起步的，人生的豐碑就是由這些小事雕刻出來的。

當我們決定一件大事時，心裡一定會很矛盾，都會面對到底要不要做的困擾。下面的實例是一個年輕人的選擇，他終於大有收穫。

傑米先生是個普通的年輕人，大約二十幾歲，有太太和小孩，收入並不多。

他們全家住在一間小公寓裡，夫婦倆都渴望有一間自己的新房子，他們希望有較大的活動空間、比較乾淨的環境、小孩有地方玩，同時增添一份資產。

買房子的確很難，必須有錢支付分期付款的頭期款才行。有一天，當他簽名核發下個月的房租支票時，突然很不耐煩，因為房租跟新房子每月的分期付款差不多。

傑米跟太太說：「下個禮拜我們就去買一間新房子，你看怎樣？」

「你怎麼突然想到這個？」她問，「開玩笑！我們哪有能力！可能連頭期款都繳不起！」

但是他已經下定決心：「跟我們一樣想買一間新房子的人們大約有幾十萬，其中只有一半能如願以償，一定是什麼事情使他們打消這個念頭。我們要想辦法買一間房子。雖然我現在還不知道怎麼湊錢，可是一定要想辦法。」

下個禮拜他們真的找到了一間兩人都喜歡的房子，樸素大方又實用，頭期款 1,200 美元。現在的問題是如何湊齊 1,200 美元。他知道無法從銀行借到這筆錢，因為這樣會損害他的信用，使他無法獲得一項關於銷售款項的抵押借款。

可是皇天不負有心人，傑米突然有了一個靈感，為什麼不直接找承包商談談，向他私人貸款呢？他真的這麼做了。承包商起先很冷淡，但由於傑米一直堅持，他終於同意了。他同意傑米把 1,200 美元的借款按月交還 100 美元，利息另外計算。

現在傑米要做的是，每個月湊出 100 美元。夫婦兩個想盡辦法，一個月預計省下 25 美元還有 75 美元要另外設法籌措。

這時傑米又想到另一個點子。第二天早上他直接跟老闆解釋這件事，他老闆也很高興他要買房子了。

傑米說：「T 先生（就是老闆），你看，為了買房子，我每個月要多賺 75 美元才行。我知道，當你認為我值得加薪時一定會加，可是我現在很想賺點錢。公司的某些事情可能在週末做更好，你能不能答應我在週末加班，有沒有這個可能呢？」

　　老闆對於他的誠懇和雄心非常感動，真的找出許多事情讓他在週末工作10小時，他們因此歡歡喜喜地搬進了新房子。

　　傑米的成功就在於他認定了目標就行動，不想那麼多，在做的過程中，遇到問題，解決問題，結果，就實現了自己的目的。

　　如果只說不做，就可能一直等下去，就不會有這個結果。

　　在社會生活中，我們都會有理想，都希望能夠改變自己的生活，但是真正為這個理想去實踐去做的人實在是太少了。我們把問題看得太嚴重了，把困難想像得太大了，因而還沒有做以前，就自己把自己否定了。

　　其實，只要去做，困難可能肯定不會少，但是，解決困難的辦法同時也不會少，而且天無絕人之路，在做的過程中，你總是會找到辦法的。

習慣四 積極進取

一個沒有進取習慣的人，只能待在自己的「小天地」中度日如年；相反地，那些擁有積極進取習慣能成功的人，總是一步一步地接近自己成功的目標！

1・做一個勇於進取的人

> 在成大事者的眼裡，失敗不只是暫時的挫折，失敗還是一次機會，它說明
> 你還存在某種不足和欠缺。找到它，補上這個缺口，你就增加了一些經
> 驗、能力和智慧，也就會離成大事越來越近。

世界上真正的失敗只有一種，那就是輕易放棄，缺乏進取。個人進取的
習慣，是你克服困難必不可少的要素，它會給你帶來意想不到的成功。

日本松下電器公司總裁松下幸之助，年輕時家庭生活貧困，必須靠他一
人養家糊口。有一次，瘦弱矮小的松下到一家電器工廠去謀職。他走進這家
工廠的人事部，向一位負責人說明了來意，請求給安排一個哪怕是最低下的
工作。這位負責人看到松下衣著骯髒，又瘦又小，覺得很不理想。但又不能
直說，於是就找了一個理由：我們現在暫時不缺人，你一個月後再來看看吧。
這本來是個託辭，但沒想到一個月後松下真的來了，那位負責人又推託說此
刻有事，過幾天再說吧，隔了幾天松下又來了。如此反覆多次，這位負責人
乾脆說出了真正的理由：「你這樣髒兮兮的是進不了我們工廠的。」於是，松
下幸之助回去借了一些錢，買了一件整齊的衣服穿上又回來。這人一看實在
沒有辦法，便告訴松下：「關於電器方面的知識你知道得太少了，我們不能要
你。」兩個月後，松下幸之助再次來到這家企業，說：「我已經學了不少有關
電器方面的知識，您看我哪方面還有不足，我一項項來彌補。」

這位人事主管盯著他看了半天才說：「我做這行幾十年了，頭一次遇到像
你這樣來找工作的。我真佩服你的耐心和韌性。」結果松下幸之助的毅力打
動了主管，他終於進了那家工廠。後來松下又以其超人的努力逐漸鍛煉成為

一個非凡的人物。

　　在成功者的眼裡，失敗不只是暫時的挫折，失敗還是一次機會，它說明你還存在某種不足和欠缺。找到它，補上這個缺口，你就增加了一些經驗、能力和智慧，也就會離成功越來越近。

　　巴爾塔是一位木匠的學徒，當他被派去做衣櫥時，他的週薪只有 400 美元。完工後，他看到客戶對他善於利用空間以及他的手工品質很滿意時，巴爾塔想到了一個主意，他用從第一位客戶那兒賺到的工資，開了一家加州衣櫥公司。

　　巴爾塔就憑著當時深受歡迎的「將擁擠的衣櫥，轉變成能有效利用的空間」的需求，在 12 年內就擴大成為全美擁有 100 多家加盟店的大企業。也引起其他衣櫥製造業者一窩蜂跟進，巴爾塔便在 1989 年，將他的公司以 1,200 萬美元的價格賣給了威廉斯索諾馬（Williams-Sonoma, Inc.）。

　　在那些成功者來看，個人進取的習慣還可以使人進步。

　　艾美是一家分公司的行銷策略人員，她看準了該公司視為失敗的一項產品：白雪洗髮精。它是一種價格低廉，而且不含添加劑的洗髮精，這種洗髮精沒有華麗的包裝，但卻能吸引講究價格的消費者。於是她決定為「白雪」全力以赴並將它推銷給管理階層，並告訴他們「白雪」的價值所在。最後管理階層接受了她的提議，而「白雪」也成為該公司銷售最好的洗髮精之一。

　　由於「白雪」銷售一事，艾美成為該公司一家分公司的負責人。於是，她研發了一系列新的護髮產品，而這些產品最後也都成了市場寵兒。

　　如今艾美已成為布瑞爾通訊的執行副總裁，該集團所從事的正是市場行銷服務。由於她不斷地以她的個人進取心為公司引進更多更好的產品，故她得到今天的職位可說是實至名歸。她的公司同樣也了解她願意提供超過她應

該提供的服務，哈佛商業學校也頒給她「馬克斯和柯恩卓越零售獎學金」，而《美金和意識》雜誌稱許她為「前一百名商業職業婦女」。一個人進取的習慣使艾美獲得認同、進步和選擇工作的機會，贏得了生存的優勢。

　　隨意放棄自己的目標，是一種不負責任的態度。你對自己都不負責任，還有誰能對你負責任呢？要想成功你就要時刻保持這樣一個良好習慣：不斷用新目標來刺激自己的進取，這樣你就離成功不遠了。

2・熱情，成功的一把火

一個人成就的大小，與其雄心成正比。當你擁有滿腔的雄心時，就會激發出你的信心，產生成功的機制，你的潛能就會得到極大的發揮；相反，如果缺乏雄心，積極性就無法提升，做什麼事都猶豫徬徨，這樣的人，往往與成功失之交臂。

　　現在，社會已經全面步入競爭型社會，人和人之間的競爭愈來愈激烈了，如果你沒有雄心，就會被社會淘汰出局！

　　一個有雄心成大事者全身的每個細胞都蘊含著熱情，熱情創造著熱忱，熱忱激發著信心，信心產生著動力，動力發揮著潛能，潛能造就著成功。

　　若你能保有一顆熱忱之心，那是會給你帶來奇蹟的。

　　一個濃霧之夜，當拿破崙・希爾和他母親從紐澤西乘船渡河到紐約的時候，母親歡叫道：「這是多麼令人驚心動魄的情景啊！」

　　「有什麼特別的事情呢？」拿破崙・希爾問道。

母親依舊充滿熱情，「你看呀，那濃霧，那四周若隱若現的光，還有消失在霧中的船帶走了令人迷惑的燈光，那麼令人不可思議。」

或許是被母親的熱情所感染，拿破崙‧希爾也著實感覺到厚厚的白色霧中那種隱藏著的神祕、虛無及點點的迷惑。拿破崙‧希爾那顆遲鈍的心得到了一些新鮮血液的滲透，不再沒有感覺了。

母親注視著拿破崙‧希爾：「我從來沒有放棄過給你忠告。無論以前的忠告你接受與否，但這一刻的忠告你一定得聽，而且要永遠牢記。那就是：世界從來就有美麗和興奮的存在，她本身就是如此動人、如此令人神往，所以，你自己必須要對她敏感，永遠不要讓自己感覺遲鈍、嗅覺不靈，永遠不要讓自己失去那份應有的熱情。」

拿破崙‧希爾一直沒有忘記母親的話，而且也試著去做，就是讓自己保持那顆熱忱的心，那份熱情。

如果我們逐漸失去踏出圍繞我們的框架的勇氣，那麼我們將把自己對人生的夢想和雄心一個個拋棄掉。而沒有追逐夢想、實現雄心的熱情，人生則必然會缺乏熱情。

在人的一生中，做得最多和最好的那些人，也就是那些成功人士，必定都具有這種能力和特點。即使兩個人具有完全相同的才能，必定是更具熱情的那個人會取得更大的成就。

熱情，就是一個人保持高度的自覺，把全身的每一個細胞都調動起來，完成他內心渴望完成的工作。所有的人都具備工作的熱情，只不過有的人習慣於將熱情深深地埋藏起來。你熱心不熱心或有沒有興趣，都會很自然地在你的所作所為上表現出來，是沒有辦法隱瞞的。熱忱，是展現在一切細節中的。比如，一份小小的工作報表，你是不是用一百分的耐心和細心，去追求

細節的完美？比如，剛剛結識的工作夥伴，你是不是會緊緊握住他的手，跟他說「很高興認識你？」

　　一個死氣沉沉的人，會覺得一切事情都不順利，甚至會覺得總是遭受到不公正的待遇，機會從不降臨到自己的頭上。只要改變一下態度，用熱忱去面對周圍的人，迎接一切工作任務，境況就會煥然一新。

　　這裡，還可以教給你一點增強熱心的祕訣。

　　想要對什麼事熱心，先要學習更多你目前尚不熱心的事。了解越多，越容易培養興趣。所以下次你不得不做什麼時，一定要應用這項原則；發現自己不耐煩時，也要想到這個原則。只有進一步了解事情的真相，才會挖掘出自己的興趣。

　　我們都曾在不同場合遇到某人說：「我有一個好消息。」這時所有的人都停下手裡的工作望著他，等他說出來才做罷。好消息除了引人注意以外，還可以引起別人的好感，引起大家的熱心與幹勁，甚至幫助消化，使你胃口大開。因為傳播壞消息的人比傳播好消息的要多，所以你千萬要了解這一點：散布壞消息的人永遠得不到朋友的歡心，也永遠一事無成。每天回家時盡量把好消息帶給家人共用，告訴他們今天所發生的好消息。盡量討論有趣的事情，同時把不愉快的事情拋在腦後。

　　也就是說，只能散布好消息。把好消息告訴你的同事。要多多鼓勵他們，每一個場合都要誇獎他們，把公司正在進行的積極事情告訴他們。優秀的推銷員專門散布好消息，每個月都去拜訪他的顧客，並且經常把好消息帶給別人。

　　用熱心對人的人，更能夠贏得別人的好感，自然能夠在事業上得到別人雪中送炭的幫助，也就更容易走向成功。

3 · 挫折是一道小坎

真正的人生需要挫折。遇到逆境就一味消沉的人，是膚淺的；一有不順心的事就惶惶不可終日的人，是脆弱的。一個人不懂得人生的艱辛，就容易傲慢和驕縱。未嘗過人生苦難的人，也往往難當重任。

在我們的人生道路中，個人與事業同樣都不可避免地要遇到各式各樣的挫折。面對困難和挫折，許多人常常會痛苦、自卑、怨恨，失去希望和信心。在挫折面前，有的人會出現暴怒、恐慌、悲哀、沮喪、退縮等情緒，影響了學習和工作，損害了身心健康。有的人卻笑對挫折，對環境的變化做出靈敏的反應，善於把不利條件化為有利條件，擺脫失敗，走向成功。

如果我們對於要實現的目標有堅定的信仰和不斷向前的決心，那麼，我們便能戰勝逆境。如果能夠樹立起一種「永不放棄」的個人哲學觀，那麼，我們便會把挫折僅僅看成是我們要越過的障礙，看成是對我們智慧的挑戰。相反地，如果缺乏這種堅強的力量，挫折就會變成摧毀我們自我信念的工具，變成我們前進道路上不可逾越的難關。

任何挫折都只是人生中的一道小關卡，可真正能跨過關卡的人卻很少，大多數人只會埋怨小關卡為什麼總是纏著他。

一談到小澤征爾（Ozawa Seiji），大家都知道，他堪稱是全日本足以向世界誇耀的國際大音樂家、著名指揮家，然而，他之所以能夠建立今天著名指揮家的地位，乃是參加法國貝桑松音樂節的「國際指揮比賽」帶來的。

在這之前，他不只與世界無關，即使是日本，也是名不見經傳。因為他的才華沒有表現出來，不為人所知。

　　他決心參加貝桑松的指揮比賽，來個一鳴驚人，經過重重困難，他終於充滿信心地來到歐洲。但一到當地後，就有莫大的難關在等待他。

　　他到達歐洲之後，首先要辦的是參加指揮比賽的手續，但不知為什麼，證件竟然不夠齊全，音樂執行委員會不正式受理，這麼一來，他就無法參加期待已久的音樂節了！

　　一般說到音樂家，多半性格是內向而不愛出風頭的，所以，絕大多數的人在遇到這種狀況時，必是就此放棄，但他卻不同，他不但不打算放棄，還盡全力積極爭取。

　　首先，他來到日本大使館，將整件事說明原委，然後要求幫助。可是，日本大使館無法解決這個問題，正在束手無策時，他突然想起朋友過去告訴他的事。

　　「對了！美國大使館有音樂部，凡是喜歡音樂的人，都可以參加。」

　　他立刻趕到美國大使館。

　　這裡的負責人是位女性，名為卡莎夫人，過去她曾在紐約的某音樂團擔任小提琴手。

　　他將事情的本末向她說明，拚命拜託對方，想辦法讓他參加音樂比賽，但她面有難色地表示：

　　「雖然我也是音樂家出身，但美國大使館不得越權干預音樂節的問題。」

　　她的理由很清楚。

　　但他仍執著地懇求她。

　　原來表情僵硬的她，逐漸浮現笑容。

　　思考了一會兒，卡莎夫人問了他一個問題：

「你是個優秀的音樂家嗎？或者是個不怎麼優秀的音樂家？」

他刻不容緩地回答：「當然，我自認是個優秀的音樂家，我是說將來可能……」

他這幾句充滿自信的話，讓卡莎夫人的手立即伸向電話。她聯絡貝桑松國際音樂節的執行委員會，拜託他們讓他參加音樂比賽，結果，執行委員會回答，兩週後做最後決定，請他們等待答覆。

此時，他心中便有一絲希望，心想，若是還不行，就只好放棄了。

兩星期後，他收到美國大使館的答覆，告知他已獲准參加音樂比賽。

這表示他可以正式地參加貝桑松國際音樂指揮比賽了！

參加比賽的人，總共約有 60 位，他很順利地通過了第一次預選，終於來到正式決賽，此時他嚴肅地想：「好吧！既然我差一點就被逐出比賽，現在就算不入選也無所謂了，不過，為了不讓自己後悔，我一定要努力。」

後來他終於獲得了冠軍。

就這樣，他建立了國際大指揮家不可動搖的地位，我們可從他的努力中看出，直到最後，他都沒有放棄，很有耐心地奔走日本大使館、美國大使館，為了參加音樂節，盡了最大的努力，如此才能為他招來好運 —— 獲得貝桑松國際指揮比賽優勝、成為享譽國際的著名指揮家。

有挫折經歷的人生是另一個太陽。經歷一次挫折，就如同經過一個黑夜，迎來一輪新的朝陽，獲得一個人生的新起點。挫折使人充滿智慧，使人變得堅毅，使人丟棄驕傲，挺直脊梁。只有那些從挫折中走出來的人才知道珍惜現在，創造未來。

4 · 成也一念之差，敗也一念之差

> 消極的心態常常妨礙人們形成進取之心，而一個人是否有進取之心決定了
> 他選擇什麼樣的心態，消極心態會讓你成為平庸之徒。積極的心態會讓你
> 成為成功之士。因此，應該學會走出消極的心態！擺脫消極心態的束縛，
> 是你走向成功的保證。

在這個世界上，成功卓越者少，失敗平庸者多。成功卓越者活得充實、自在、瀟灑，失敗平庸者過得空虛、艱難、猥瑣。

生活中，失敗平庸者多，主要是心態觀念有問題。遇到困難，他們只是挑選容易的倒退之路。「我不幹了，我還是退縮吧。」結果陷入失敗的深淵。成功者遇到困難，懷著挑戰的意識，用「我要！我能！」、「一定有辦法」等積極的意念鼓勵自己，便能想盡辦法，不斷前進，直至成功。

成功人士從成功中獲得更多的信心，積極行動的累積，可以造就偉大的成功；消極言行的累積，足以讓人萬劫不復。

如果你想成就一番事業，必須明白以下問題：

(1) 成功只在一念之間

仔細觀察比較一下成功者與失敗者的心態尤其是關鍵時候的心態，我們就會發現「一念之差」導致驚人的不同。

在推銷員之中，廣泛流傳著一個這樣的故事：

兩個歐洲人到非洲去推銷皮鞋。由於炎熱，非洲人向來都是打赤腳。第一個推銷員看到非洲人都打赤腳，立刻失望起來。「這些人都打赤腳，怎麼

會買我的鞋呢？」於是放棄努力，沮喪地返回歐洲。另一個推銷員看到非洲人都打赤腳，驚喜萬分：「這些人都沒有皮鞋穿，這皮鞋市場大得很呢。」於是想方設法，引導非洲人購買皮鞋，結果發大財而回。

這就是一念之差導致的天壤之別。同樣是非洲市場，同樣面對打赤腳的非洲人，由於一念之差，一個人灰心失望，不戰而敗；而另一個人信心滿懷，大獲全勝。

要改變失敗的命運，就要改變消極錯誤的心態。永遠記住一念之差決定成敗。

(2) 藉口症也能毀了你

社會中因各種藉口造成的消極心態，就像瘟疫一樣毒害著我們的靈魂，並且互相感染和影響，強烈地阻礙著人們正常潛能的發揮，使許多人未老先衰，喪失鬥志，消極處世。

然而，正像任何傳染病都可以治療一樣，「藉口症」這個心理病也是可以想辦法克服的。辦法之一就是用事實將藉口的理由一一駁倒，使它沒有顏面、沒有理由在我們心中立足。

我們來看看幾個常見的藉口：

① 年齡的藉口

據拿破崙‧希爾對 2,500 人進行分析，反映出很少有人在 40 歲以前取得事業上的大成功。美國著名的汽車大王福特，40 歲還沒有邁出成功的重要步伐。美國鋼鐵大王安德魯‧卡內基在取得巨大成功之時，已年過 40。希爾本人出版第一本成功學著作時已是 45 歲，之後他為成功事業還工作奮鬥了 42 年，當他 80 歲的時候還在出書。

　　當然，現代社會發展比較迅速，40 歲之前成功的例子已比比皆是（這也說明「我還年輕」的藉口同樣站不住腳）。由於個人的條件、目標、成功的內容和起始點不同，40 歲後成功的例子也仍然相當普遍。

　　② **教育和文憑的藉口**

　　「我沒有受過良好的教育。」「我沒有文憑。」這是不少人常用的藉口。事實上學習知識的途徑多種多樣，學校教育、文憑教育，僅僅是千萬條求知途徑中的一種。其實，從學校的書本上學東西，常常有很大的局限性。真正的教育來自社會大學和自學。

　　我們看看那些成功人物的教育與文憑情況：椰樹集團總裁王光興初中文憑；「果喜集團」總裁張果喜小學文憑；億萬富翁、治禿專家趙章光高中文憑；美國鋼鐵大王安德魯‧卡耐基 13 歲開始工作，幾乎沒接受什麼正規教育；美國石油大王洛克菲勒高中輟學；日本松下幸之助小學四年級的學歷；香港富商李嘉誠初中兩年的學歷……這些成功者的知識與能力全靠自學而來。

　　接受良好的學校教育，當然對成功有幫助，沒有受到良好的學校教育沒有文憑的人，只要願意，自學永遠不晚。現在越來越多的成人補習教育和各種職業培訓，為成人自學提供了廣闊的天地。

　　③ **資金藉口**

　　「我沒有資金，所以我不能成功……」

　　事實是，有資金可以幫助我們成功，但沒有資金，只要想辦法同樣可以創業賺錢，同樣可以成功。國內外白手起家的富翁到處可見。其實，資金來源途徑很多：積少成多地累積，大雪球是從小雪球滾成的；向親朋好友借錢集資；尋找一個能生財的門路；或抓住機會找銀行貸款；或找有錢機構和個人合夥；集資入股……許多做大生意的人，都不是靠自己個人的資金，而是

充分利用了銀行以及社會上企業或民眾手中零散、閒置的資金。

此外，還有「運氣」藉口，「健康」藉口，「出身」藉口，「人際關係」藉口等等。希爾在他的《思考致富》裡將一位個性分析專家編的藉口表列出來，竟然有五十多個。希爾說：「找藉口解釋失敗是全人類的習慣。這個習慣同人類歷史一樣源遠流長，但對成功卻是致命的破壞。」

(3) 消除恐懼與憂慮

恐懼與憂慮，人人都或多或少有過，程度輕微，我們可能看不出它們的危害。實際上任何恐懼和憂慮都會侵蝕破壞我們的積極心態，妨礙我們的行為果斷。只有當我們戰勝恐懼，戰勝憂慮，並利用它們為我們的成功服務時，恐懼和憂慮才會化阻力為助力。比如我們擔心失敗，但我們有信心戰勝恐懼與憂慮，我們做更大的努力，採取更細緻妥善的規劃、謀略和行動去爭取成功，這樣我們就控制了恐懼和憂慮。

不受控制的恐懼和憂慮對我們危害很大，它會擾亂我們的心理平衡，並導致某些生理問題，如憂鬱、失眠、神經衰弱、陽萎等等。嚴重的恐懼和憂慮，會使人理智混亂，產生嚴重的心理和生理病態。長期的恐懼和憂慮會使一個優秀的人變成一個平庸無能的失敗者。

只有戰勝恐懼和憂慮，我們才能平安、幸福、成功卓越。面對恐懼我們應該如何做呢？請注意以下兩點：

① 「恐懼衍生於無知」

「恐懼衍生於無知。」這是出自一位大哲學家的話。這話可以幫助我們戰勝恐懼和憂慮：你擔心害怕什麼，你就採取行動了解它。

看清它的本來面目，然後用行動擊潰它，戰勝它。但是必須借助積極成

功的心態來武裝自己：我要戰勝它！我能戰勝它！我一定能戰勝它！成功積極的心態使人堅強無比，可以克服任何恐懼。

　　初學跳水的人，站在高高的跳臺上，一定會有某種程度的恐懼。如果你心懷積極成功的心態：我一定要成為一名優秀跳水運動員，我一定能戰勝害怕，然後勇敢地採取行動：跳！你便戰勝了恐懼。當你熟悉了跳水的整個過程後，你就再也不會為跳水而恐懼憂慮了。因為你知道了，原來跳水並不可怕。

　　②**不要說「人言可畏」**

　　人們常常害怕流言，不但憂慮而且恐懼。讓我們來分析一下：

　　「人家會怎麼說呀！」「人言可畏！」「眾口鑠金！」「千夫所指，無疾而終！」這些都似乎說明人的言論確實令人害怕，我們似乎只好恐懼憂慮了。

　　流言為什麼令人害怕呢？主要原因大概是流言可能會使我們失去面子、失去自尊，受到攻擊、受到威脅等等。注意，這裡是用「可能會」三字，事實上並非如此。

　　就我們內心來說，除非自己不相信自己，誰能不經我們同意就打倒我們呢？請仔細品味這句話的意思。流言大概有三種，一種是基於正確客觀的，一種是以訛傳訛的誤會，一種是惡意的挑釁中傷，誇大事實的誹謗。最後一種流言，其實反映了傳播流言者的消極心態及虛弱和害怕。抱持積極心態的成功者是不會去中傷誹謗他人的。

　　不管哪種流言，其實都不可怕。林肯任美國總統期間，曾受到許多流言的攻擊。如果害怕這些流言，他這個總統就不要當了。他是如何對待流言的呢？「如果結果證明我是對的，那麼人家怎麼說我，就無關緊要了，如果結果證明我是錯的，那麼即使花十倍的力氣來說我是對的，也沒有什麼用了。」

「我盡我所知的最好辦法去做 —— 也盡我所能去做。而我將一直這樣把事情做完。」

害怕流言毫無作用，唯有盡力去做，去行動，才是戰勝流言恐懼的最佳辦法。美國名將麥克阿瑟和英國首相邱吉爾都曾把林肯上述名言掛在辦公室的牆上。

舌頭長在別人嘴裡，筆桿握在別人手上。別人愛怎麼說，我們是無法控制的，但是，腦袋長在自己身上，我們可以控制我們自己的心態反應，可以控制我們的行為方式。按照自己的志向，努力提高素養，掌握人性的弱點和與人交往的技巧，戰勝一切困難，爭取成功卓越，這就是對一切流言的最好回答。

當流言影響我們成功怎麼辦？那就採取行動 —— 策略指導下的行動。對流言最無價值的反應就是恐懼和憂慮。而恐懼和憂慮本身才真正傷害我們自己。

社會上有種現象很可笑：你無能，什麼事都不做，人家要說你。你追求成功卓越，人家也要說你，甚至故意挑毛病說你。從我們自身的利益來說，成功卓越會帶給我們財富的幸福，既然流言始終存在，與其忍受人家說你無所事事，倒不如讓人批評你追求成功。

流言不可怕，可怕的是我們自己不走自己的路。任何恐懼和憂慮都不能改變現實，只會替我們增添麻煩、壓力和障礙。採取行動，恐懼和憂慮就會怕你。

(4) 擺脫消極情緒

一個人從家庭到學校到社會，如果得不到正確與積極的成功心態教育，

那這個人只好在社會大染缸裡沉浮，聽任命運與機遇的擺布，失去自我控制的能力。這樣，他就很容易受消極的情緒影響。

長期生活在以消極失敗心態為主的社會裡的人，不管他閱歷多麼豐富，都難以擺脫消極心態的影響，很可能成為消極心態的帶原者和傳播者：「我的經歷證明……不可能，不要白費功夫。」「社會的情勢就是這樣，我們是不能改變的。」

長期沒有或很少有成功經驗的人，能力沒有得到鍛鍊提高，因而對許多事情，包括對自己都認識不清，把握不住，也難免心生消極並傳播開來。「太難了，我試過，不行。」一旦有人行了，難免心生嫉妒，產生消極心態，並表露散播開來。

「那不過是機遇而已。」和這種人交往很容易感染消極心態。經歷過多失敗，又沒有找到正確客觀的原困，也沒得到合適的幫助指點，可能就會走向消極：「我說過，人是不能相信的。相信人你就倒楣。」「努力有什麼用？還是需要後臺。我就努力過，可是結果呢？」有這種想法的人，說明他已經被消極情緒控制了。這時他應當找到相應的對策，努力從裡面掙脫出來。下面告訴你一些掙脫消極情緒的方法：

① 認識到家庭、學校和社會的教育可能是不健全的，可能存在相當多的消極因素。應該依靠自己，提升分析辨別能力，擇善而從之。教育與訓練絕不能被動地依靠家庭、學校和社會教育。

② 提升辨別積極心態和消極心態的能力，關鍵在於多學習，觀察成功卓越人物的思想，心態和行為方式以及他們的成功經歷和成功技巧。同時對照生活中的失敗平庸者，觀察思考他們的心態與行為，想想他們為什麼會失敗？把成功卓越人物與失敗平庸者的心態進行對照比較，

可使你洞察是非，增強抵制消極失敗心態的能力。

③ 增加個人的成功體驗，增強自信心。

④ 只以成功者為榜樣，不向失敗者學習。盡可能選擇具有積極氛圍的環境，選擇積極樂觀的朋友。迴避細菌感染，是保持健康心理的一個重要方法。

⑤ 你想改變消極環境，必須先提升自己，建立堅定的自信心。先離開消極環境，救出自己，樹立堅定的成功積極心態後，再去影響和改造那消極的環境，這也是落後地區進步的一條重要途徑。

⑥ 對照成功的知識，接受成功訓練，從小事開始，增加成功的實際體驗，不斷提升自己的能力和素養。

⑦ 進行提高自信心的訓練，增強免疫消極心態的能力。

一個人若有消極思想作祟，內心就會沉寂畏縮，熱情被壓抑在心中，不再相信自己的能力，總是在自怨自艾中與成功失之交臂。消除消極情緒，充實自己的內心，發揮自身的精神力量。這樣，你才能成功！

5・請你帶著希望上路

無論生活多麼艱辛，工作多麼困難，希望之火時時刻刻都不能熄滅。只要為希望付出了一定的代價，成功就會降臨到你的頭上。

日本池田大作在《要活在巨大的希望當中》說，在走向人生這個征途中，最重要的既不是財產，也不是地位，而是在自己的胸中像火焰一樣熊熊燃起

的希望。因為那種毫不計較得失，為了巨大希望活下去的人，肯定會生出勇氣，不以困難為事，肯定會激發出巨大的熱情，開始閃爍出洞察現實的睿智之光。只有睿智之光與時俱增，終生懷有希望的人，才是具有最高信念的人，才能成為人生的勝利者。

　　朋友，當你走到漫漫人生的十字路口時，請不要徘徊又徘徊，不要徬徨又徬徨。無論你要到何方，無論你將往何處，三思而行辨清方向之後，從中選擇一條適合自己的路，帶著希望上路，走一條屬於自己的路。一旦希望之路被你踩在腳下，希望之燈就會高高掛起，為你照亮前程。即使這條路還很漫長而且遙遠，你每前進一步，希望就會靠近你一步。努力創造希望，努力成就夢想。朋友，請堅信：你一定能走向希望。走向希望，你是一個不折不扣的成功者。

　　朋友，請你不要放棄希望。

　　即使希望很渺茫，請你依然執著如初帶著希望上路，風雨無阻也風雨兼程，披荊斬棘更披星戴月，義無反顧、勇往直前地奔赴前程。

　　朋友，請你不要放棄希望。

　　當你踏上漫長的人生之旅，如果沒有人與你風雨同舟與你相依為伴，如果沒有人與你肝膽相照與你攜手同行，那麼，請你帶著希望上路，分分秒秒，時時刻刻，歲歲年年。

　　朋友，請你不要放棄希望。

　　太早失去希望的人，將會失去一切；從未放棄希望的人，到最後都是大贏家。希望不會放棄任何人，如果不是你先輕易放棄了希望，希望又怎麼會把你放棄？不論何時，不論何地，希望對任何人都是絕對的公平，絕對的一視同仁。在希望面前，機會人人均等。

　　希望絕對不會偏愛某一個人，或者只鍾愛某一個人；希望絕對不會給某一個人很多希望，而給另一個人很少希望。朋友，請你牢記：人，只要一息尚存，就有希望。朋友，請你相信：我們每個人都有機會，帶著希望上路。

　　世間不如意事十有八九，有時煩惱和失敗會像影子一樣跟著你，難以擺脫。於是，人世間便有了勇敢和懦弱，堅定和猶豫，灑脫和執迷，勤奮和懶惰。強者應該是精神上的堅忍不拔。面臨絕境或沒頂之際，精疲力竭之時，再堅持一下，拼搏一下，一定會迎來成功的朝陽。

　　在你心中，有什麼包袱讓你暫時放不下？請放下包袱，帶著希望上路，飛越迷霧，穿過黑夜，走向黎明，又是一個陽光燦爛的日子。在你心中，還有什麼包袱讓你久久放不下？請放下包袱，帶著希望上路，走過陰暗晦澀的昨天，走到優勝劣敗，適者生存的今天，走向燦爛而明媚的明天。朋友，你會發現：做任何一件事，只要你盡心盡力，全力以赴，希望並非遙不可及，希望並非高不可攀。朋友，你還會發現：希望總是格外垂青於那些志向遠大且持之以恆的有識之士，希望總是眷顧那些勤於耕耘的有備之人。山窮水盡時，你要努力；柳暗花明時，你要努力。

　　朋友，無論你過去多麼不稱心，多麼不如意，過去的就讓過去吧。該忘就忘了吧，那些不值得收集和珍藏的痛苦的回憶。從現在開始，請你一定不要忘了，帶著希望上路。

習慣五 勤奮刻苦

做任何事情，要出類拔萃，就必須毋怠毋忽地「慘澹經營」。經之營之，耕之耘之，火候夠了，自然就會「爐火純青」

1 · 勤奮 —— 讓你永遠百尺竿頭

> 事實往往會證明：誰比別人多一些努力，誰就會擁有更多成功的機會。

古語云：「天道酬勤」，告誡人們：只要人像天那樣「自強不息」，勤勞日作，上天會予以獎勵的。這種只酬勤不酬惰的法則，千古不變。

許多偉大成就的人，他們是非常平凡的。然而，正是他們透過自己的不斷努力，使自己成為了一個不平凡的人。

富蘭克林能從一個窮困潦倒的小學徒躋身到世界一代偉人的位置，靠得就是他的勤勉。富蘭克林對於勤勉還有過這樣一段話：

勤勞就是財富。誰能珍惜點滴的時間，就像一顆顆種子不斷地從大地母親那兒吸取營養那樣，珍分惜秒，點滴累積，誰就能成就大業，鑄造輝煌。

富蘭克林在《窮理查年鑑》中說：

「個人的奮發向上和勤勞實幹，是取得傑出成就所必需的；任何一種傑出成就都必然與好逸惡勞的懶惰品行無緣。正是辛勤的雙手和大腦才使得人們富裕起來 —— 在自我教養、在智慧的成長、在商業的繁榮等方面⋯⋯事實上，任何事業追求中的優秀成就都只能通過實幹才能取得⋯⋯同樣完全正確的是，富裕和閒適對一個要達到最高教養的人來說是毫無　必要的東西，而且那些出身於社會底層的人們在任何時候都從未給這個世界增添任何巨大的、沉重的負擔。安逸閒適的奢侈浮華的生活狀態無法把人訓練成艱苦奮鬥的人，或者是勇於正視艱難的人；也不會促使人們認識朝氣蓬勃、精力充沛和努力行動在生活中所散發出來的巨大力量。」

富蘭克林自小就養成了勤奮的優良習慣。早在孩提時代，他就勤奮讀

書，甚至把每一點點零用錢都用在買書上。富蘭克林從《天路歷程》中得到了樂趣，因此，他一開始收集的就是單獨出版的小冊子。後來，他又賣了這些單行本，而買了伯頓的有關歷史方面的文集。父親的藏書室裡的書主要是有關宗教辯論方面的，大多數他都閱讀過了，當時有一本《名人傳》，對富蘭克林日後的生活影響很大。他得到這本書後，擠出所有可以玩耍的時間來，反覆地閱讀，不忍釋手。

2‧種瓜得瓜，種豆得豆

> 假使你不能成為高山上挺拔的蒼松，那麼就做山谷中最美好的百合花。成就不在於事業大小，而在於盡心盡力地去做。

如果我們是智者，要記住一句：「成功是一分天才，九十九分的血汗。」如果我們是愚者，更要記住：「勤能補拙，更要付出更多的血汗。」

高爾基（Maxim Gorky，原名阿列克謝‧馬克西莫維奇‧彼什科夫）說：「天才就是勞動。」歌德說：「天才所要求的最先和最後的東西，都是對真理的熱愛。」海涅說：「人們在那兒高談闊論著天才和靈感之類的東西，而我卻像首飾工匠打鏈那般精心地勞動著，把一個個小環非常合適地聯結起來。」

顯然，「精心勞動」、「耐心」、熱愛真理、勤奮、對工作的堅持性，都在實踐中促進了一個人的智力發展。可見，在研究成功者的智慧結構的時候，不能忽略其非智力因素。

　　非智力因素，又叫人格因素。俗話說：「勤能補拙」。勤奮學習，堅持不懈，愚笨的人也可以變得聰明起來。有學者曾查閱過世界上 53 名學者（包括科學家、發明家、理論家）和 47 名藝術家（包括詩人、文學家、畫家）的傳記，發現他們除了本人聰慧以外，還有以下共同的品格：勤奮好學，不知疲倦地工作；為實現理想，勇於克服各種困難；堅信自己的事業一定成功；爭強好勝，有進取心；對工作有高度的責任感。可見，在文藝和科學上卓有成就的人，並非都是智力優越者。這與其本人主觀上的艱苦奮鬥，克服困難是分不開的。

　　丹麥童話作家安徒生家道貧寒。他曾想當演員，劇團經理嫌他太瘦；他又去拜訪一位舞蹈家，結果被奚落一番轟了出來。他流浪街頭，以頑強的毅力刻苦學習，終於成為世界著名的童話作家。

　　高爾基的童年，也並未表現出某種天才的特質。開始他想當演員，報考時，未被看中；他偷偷地學習寫詩，把寫下的一大本詩稿送給柯洛連科審閱，這位作家看了他的詩稿說：「我覺得你的詩很難懂。」高爾基傷心地把稿子燒了。在以後漫長的浪跡生活中，他發憤讀書，不斷累積社會閱歷和人生經驗，終於成為揚名文壇的文豪。

　　安徒生和高爾基成長的道路說明，藝術才能有極大的可塑性。人才成長的非智力因素方面較多，有的表現為社會責任感、理想和志向，順應時代潮流；有的表現為個人心理和人格特徵，如，有志氣、有恆心、有毅力、不自卑，在成績面前永不止步；還有的表現為人生道上的機遇。

　　研究名人的成長道路，可以說幾乎沒有一個是一帆風順的。

　　列夫‧托爾斯泰寫《復活》，延續了十年，僅開頭的構思就改動了二十餘次。巴爾札克開始寫作詩體悲劇《克倫威爾》和十幾篇小說，乏人問津，只

好放棄文學。他再次拿起筆來是 29 歲以後。他以每日伏案工作 10 小時以上的驚人毅力，完成一部又一部巨著。

在成才道路中，重要的是對自己的學識、才能、特點，有清醒的自我意識，努力爭取主客觀默然契合。實踐告訴我們，成功永遠光顧那些為理想付出了心血的行動者。

俗語說：「一份耕耘一份收穫」，春種秋收，這是自然界的發展規律，也是做事、成就事業的一個不可更改的法則。凡事要成功，必須經過艱苦的奮鬥，只有養成勤勞的習慣，一份耕耘才會有一份收穫。

3‧勤奮是通往成功的最短路徑

> 勤奮是通往成功的最短路徑，也是實現夢想的最好工具，無論是在富裕還是貧困的環境中，只要你肯勤快做事，付出你的努力，你就一定會有收穫，因為天道酬勤。

電腦專家兼詩人范光陵先生，在美國獲得斯頓豪大學的企業管理碩士，獲得猶他州立大學的哲學博士，後來又專攻電腦，很早寫出一本《電腦和你》的通俗讀物，暢銷於臺灣和東南亞。他又在國際上奔走呼號，推動成立電腦協會，舉辦電腦講座，召開電腦國際會議，到處發表關於電腦的演講。由於他在這方面的貢獻，泰國國王親自頒發電腦成就獎給他，英國皇家學院授予他國際傑出成就獎。

就是這樣一個天才的人物，剛畢業到美國時也是靠打工吃苦混出來的。

開始時，他在一家叫湯姆・陳的餐館，做一份打雜的工作。

每天工作 11 個小時，一週工作 6 天，餐館中最髒最累的工作全得做，月薪為 280 美元。

倒垃圾、刷廁所、洗碗盤、切洋蔥、剝冷凍雞皮……每天像個陀螺一樣忙得團團轉。餐館裡的人大大小小全是他的上司：大廚、二廚，連資深雜工全都是上司，誰都可以對他指手畫腳，動輒訓斥或隨意作弄。

「笨蛋！這麼笨的腦子，還是什麼留學生！」

虎落平陽被犬欺，龍游淺水遭蝦戲！范先生不但能吃得起大苦，而且還得受得起侮辱，這就不光是毅力，而且還與他胸藏事業雄心分不開的。

他在兩年裡打過各式各樣的工 —— 洗碗盤、收碗盤、做茶房、端茶送水、賣咖啡、做小工、做收銀員、售貨員……

他曾窮到口袋裡沒有 1 分錢，整天只喝清水，吃麵包屑，但心藏雄心的他仍然不停地思索著，摸索著，想找出一條路來。

後來，他賺了錢，上大學，念研究所，獲得了企管碩士、哲學博士學位，成為了電腦專家和詩人，他圓了自己的夢，實現了他的理想。

世界上的事，從來是一分耕耘一分收穫，怕吃苦，圖安逸，成不了大事。請想想，哪位傑出人物不是吃得人間許多苦方才奮鬥出來的？

據說蘇聯的著名詩人馬雅可夫斯基會睡一種圓木枕頭。推測馬雅可夫斯基不會知道司馬光睡「警枕」，不是有意模仿別人，但英雄所見略同，為了警策自己，而有相同的想法。

為了早起，司馬光、馬雅可夫斯基用圓木枕頭警醒自己。要成就大事業，總得有充滿熱情的雄心，總要付出比別人多幾倍的努力。許多既不乏情商又不乏智商的優秀人才就因為缺少勤奮的習慣，缺少堅韌的毅力這樣一個

要素而不能成就事業，這不是社會的責任，不是環境的錯，不是命運的錯，而是自己對自己的一種不負責任，一種自我放棄的錯。

科幻大師凡爾納（Jules Verne），他一生寫了幾十部科幻小說，有《海底兩萬里》、《地心歷險記》、《格蘭特船長的兒女》、《神祕島》、《氣球上的五星期》、《環遊世界八十天》等等。這些小說被翻譯成多種文字，介紹到世界各國，他本人也成為科幻小說的開山祖師。但是，在很長時間裡，他寫的科幻小說送到巴黎的好幾個出版社，都被退稿。一封又一封的退稿信曾經使他精神崩潰，氣得他拿起書稿扔到火爐裡去。坐在一旁的妻子眼明手快，從火爐裡撿出書稿，和顏悅色地勸丈夫不要洩氣，自會有識寶的人。好在凡爾納的確是一匹千里馬，又有從善如流的性格。果然，再投一家出版社，那裡的編輯看好，答應出版。出版之後，深受讀者歡迎，大受好評。這家出版社又向他要稿子，他便把堆在屋裡的書稿一部部送去，都一一出版了。

這一段文壇佳話道出了筆耕的艱難，道出了毅力的重要，道出了有雄心壯志者即使遭受一而再、再而三的挫折也切不可氣餒，勝利就在堅持之中！

如果我們把生活比作一局牌，那麼在牌桌前，我們最寶貴的是底牌，其次是勇氣和堅持到最後的毅力，在牌桌上，永遠不要輕易攤牌。

4．多努力一點，就多與成功靠近一點

很多人想找一條通向成功的捷徑，當眾裡尋它千百度之後，發現「勤」字，是成功者的不可缺少的習慣之一。

古時有位姓王的青年，是個大戶人家的子弟，從小就喜愛道術，他聽人說嶗山上有很多得道的仙人，就前去學道。

王生在清幽靜寂的廟宇中，只見一位道士正在蒲團上打坐，只見這位道士滿頭白髮垂掛到衣領處，精神清爽豪邁，氣度不凡。王生連忙上前磕頭行禮，並且和他交談起來。交談中，王生覺得道士講的道理深奧奇妙，便一定要拜他為師。道士說：「只怕你嬌生慣養，性情懶惰，不能吃苦。」王生連忙說：「我能吃苦。」道士便把他留在了廟中。第二天，王生在師父的吩咐下隨眾人上山砍柴。

這樣過了一個多月，王生的手和腳都磨出了很厚的繭，他忍受不了這種艱苦的生活，暗暗產生了回家的念頭。

又過了一個月後，王生吃不消了，可是道士還不向他傳授任何道術。他等不下去了，便去向道士告辭說：「弟子從好幾百里外的地方前來投拜您，不指望學到什麼長生不老的仙術，但您不能傳些一般的技術給我嗎？現在已經過去兩三個月了，每天不過是早出晚歸在山裡砍柴，我在家裡，從來沒吃過這樣的苦。」道士聽了大笑說：「我開始就說你不能吃苦，現在果然如此，明天早上就送你走。」

王生聽道士這樣說，只好懇求說，「弟子在這裡辛苦工作了這麼多天，只要師父教我一些小技術也不枉我此行了。」道士問：「你想學什麼技術呢？」王生說：「平時常見師父不論走到哪兒，牆壁都不能阻隔，如果能學到這個法術就滿足了。」

道士笑著答應了他，並帶他來到一面牆前，向他傳授了祕訣，然後讓他自己念完祕訣後，喊聲「進去」，就可以進去了。王生對著牆壁，不敢走過去。道士說，「試試看。」王生只好慢慢走過去，到牆壁時被擋住了。

　　道士指點說：「要低頭猛衝過去，不要猶豫。」當他照道士的話猛向前衝，真的未受阻礙，睜眼已在牆外了。王生高興極了，又穿牆而回，向道士致謝，道士告誡他說：「回去以後，要好好修身養性，否則法術就不靈驗了。」說完，就讓他回去了。

　　王生回到家中自得不已，說自己可以穿越厚硬的牆壁而暢通無阻。他妻子不相信。於是，王生按照在道士處學的方法，離開牆壁數尺，低頭猛衝過去，結果一頭撞在牆壁上，立即撲倒在地。

　　生性懶惰，卻還想得道成仙，這無疑是異想天開。懶惰不改，要想獲得成功，必定會碰壁的。如果說王生的遭遇是一個懶惰者的遭遇，那麼王生所得的教訓就是所有懶惰者的教訓了。

　　沒有一個人的才華是與生俱來的。在成功的道路上，除了勤奮，是沒有任何捷徑可走的，在每個成功者的身上，他們都有著勤勞的習慣。

　　在這個競爭激烈的世界裡，人才雲集，競爭對手強大。快節奏的生活，高度的競爭又時刻令人體會到一種莫大的壓力，潛移默化地催人上進。

　　我們每一個健康生活的人都希望自己能夠走向成功，都想在成功中領略一道人生的美景，而成功又不是輕易予人的。而只有那些隨身帶著勤奮習慣的人，才能用自己勤勞的雙手獲得幸福與快樂。

5．敬業精神：讓你與成功有約

> 任何一個雙手插在口袋裡的人，都爬不上成功的梯子。只有那些熱愛自己事業，對自己所追求的目標全身心地投入的人，才會獲得人生的成功。

創造了經濟高速成長奇蹟的日本人有這樣一句名言：世上無難事，只怕工作狂。生動地闡明了敬業和成功之間的關係。

敬業，往往意味著對事業全身心地投入，意味著承受常人所不能承受的苦痛，意味著長時間的艱苦工作，意味著可以接受前進中任何障礙的挑戰。敬業，還必須全身心地投入到事業中去，只有那些熱愛自己事業，對自己所追求的目標全身心地進行投入的人，才會獲得人生的成功。

著名的女指揮家張培豫就是這樣一位全身投入於音樂之中的成功者。然而，也正是敬業的精神的習慣才造就了她本身。

張培豫是一位世界知名的著名指揮家。在西方樂壇上，指揮這一行業是男士的世襲領地。張培豫卻靠著超凡的實力打入歐洲樂壇，並出任德國卡塞爾歌劇院的首席指揮。

世界著名指揮家祖賓‧梅塔稱張培豫為「與生俱來的指揮家」。他說：「我認為她在音樂上有無限量的才華和能力，並有足夠的音樂經驗足以領導一個高水準的樂團。」指揮家小澤征爾、馬澤爾‧羅林也極其稱讚她很有才華。

張培豫極其敬業，她的敬業精神是出了名的，她曾創下一個月內指揮三場高水準的音樂會的記錄，也曾在不到半年內指揮過八場演出。

張培豫對樂隊要求以嚴格而聞名，但她最苛刻的還是自己。她有一種為了藝術可以不顧一切的精神。

青年時代的張培豫只是彰化縣的一名鄉村女教師，她因調教有方，率團三次獲得小學合唱比賽冠軍而小有名氣。一次演出前，她摔傷了，醫生囑咐她必須靜養，她卻堅持打著石膏參加了排練和演出。一位觀看演出的臺灣教育獎學金評審委員目睹此景，深為感動，極力為她申請赴奧地利留學的獎學金，使她實現了到音樂之國求學的夙願。

　　張培豫的敬業精神，不僅為她贏得了走向音樂事業的重要機遇，也是她事業取得成功的根本。

　　在北京指揮貝多芬專場音樂會之前，她突然生病了，大家都擔心她是否會延後演出，熟悉她性格的大提琴家司徒志文卻說：「只要不倒下，她會不顧一切地堅持演出。」

　　果真，她最後如期而至，並且指揮的曲目還是力度最大的貝多芬第五交響曲《命運交響曲》。

　　一個月後，在指揮另一場演出時，上臺前她一直頭疼，吃了幾顆止痛藥，她就又出現在指揮臺上。她說：「本來我可以節省點兒力氣，但我對音樂一向是全力以赴。」

　　張培豫曾對記者說過這樣一段話：

　　「音樂與我的心結合在一起，它是從我的心裡流出來的，是我的肺腑之言。……當我把音樂作好，我就得到了最大的滿足，這是我生活的目標，也是我從事指揮的意義所在。」

　　「我熱愛音樂，太熱愛了！沒有任何其他的事情可以超越它，也沒有任何其他的事情能夠讓我如此投入。哪怕我走得再艱辛，我也不會放棄。」

　　這一番肺腑之言的確能引起我們的省思。

　　張培豫的敬業習慣使她從一個普通的鄉村女教師登上了德國卡塞爾歌劇院首席指揮家的寶座。這其中，對音樂的忘我精神，和音樂融為一體，並為了音樂可以犧牲自我的精神，發揮至關重要的作用。音樂是她的全部，她的一生就是一場接著一場精彩的音樂會。在張培豫的人生當中，成功的素養便是敬業習慣。

6・勤者成事，惰者敗事

古訓曰：勤者可成事，惰者可敗事。一個人要想成就一番事業，一定要守住「勤」字，戒掉「懶」字。

一項事業，人是最根本的因素。你用什麼樣的態度來付出，就會有相應的成就回報你。如果以勤付出，回報你的，也必將是豐厚的。所以，某種意義上講「成事在勤」實不為過。

南宋的思想家和教育家朱熹，是個從小就立志當孔子的人。在他讀書時，有一天上午，老師有事外出，沒有上課，學徒們高興極了，紛紛跑到院子裡的沙堆上遊戲、打鬧。不大的天井裡，歡聲笑語，沸沸揚揚。這時候，老師從外面回來了。他站在門口，望著這群天真活潑的孩子們「造反」的情景，搖搖頭。猛然，他發現只有朱熹一個人沒有參加孩子們的打鬧，他正坐在沙堆旁，用手指聚精會神地畫著什麼。老師慢慢地走到朱熹身邊，發現他正畫著《易經》的八卦圖呢！從此，老師更對他另眼相看了。

朱熹這樣好學，很快成為博學的人。十歲的時候，他已經能夠讀懂《大學》、《中庸》、《論語》、《孟子》等儒家典籍了。孟子曾說：「人人都可以成為堯舜那樣的人。」當朱熹讀到這句話時，高興地跳了起來。他滿懷雄心地說：「是呀，聖人有什麼神祕呢？只要努力，人人都能夠成為聖人啊！」

高高在上的聖人其實並非可望不可及。治學之路就如同登山，唯有攀登不輟，才能一步步靠近峰頂。「一覽群山小」的聖人們的成功其實亦是由勤奮的習慣得來的。

《史記・孔子世家》記載：「孔子晚而喜《易》，序《彖》、《繫》、《象》、《說

卦》、《文言》，讀《易》韋編三絕。曰：『假我數年，若是，我於《易》則彬彬矣。』」

孔子讀《易經》竟然能把編聯簡冊的牛皮翻斷三次，可見其勤奮。不管你是一個凡人，還是一個聖人，勤奮的習慣在你走向成功的努力過程中，始終不可缺少。

踏踏實實做人，實實在在辦事。任何一個雙手插在口袋裡的人，都爬不上成功的梯子。給人留下一個實在的形象，替自己的成功增添一份夯實的基礎，從實際出發，對自己負責。

愛因斯坦小的時候，有一次上製作課，老師要求每個人做一件小工藝品。課堂上，老師讓學生們把他們的作品拿出來，一件一件地檢查。當老師走到愛因斯坦面前時，他停住了，他拿起愛因斯坦製作的小板凳（那可不是一件成功的作品）問愛因斯坦：「世上難道還有比這更糟的小板凳嗎？」愛因斯坦以響亮的回答告訴老師說：

「有！」

然後，他又從自己的小桌裡拿出了一張板凳，對老師說：「這是我做的第一張。」

一個手並不巧的人最後仍然可以成為一個偉大的科學家。不巧的手因勤奮而顯得舉足輕重。

自身的缺點並不可怕，可怕的是缺少勤奮的習慣。自身之拙，可能會成為我們成功路上的障礙。但偉人、名人就是在克服障礙後得到桂冠的。即使是太行、王屋二山那麼大的障礙也會被我們用愚公移山的精神，用勤奮一點點地挖掉，如果我們始終不放棄理想的話。勤奮面前，再艱鉅的任務都可以完成，再堅定的山也都會被「移走」；凡事只有踏實勤勞，才能獲得真正

的成功。

　　成就一番事業的人，一定要守住「勤」字，戒掉「懶」字，懶惰是人的本性之一；稍不留神就會流露出來。所以想成就一番事業要時刻提醒自己：「成事在勤，謀事忌惰」。

習慣六　終生學習

　　古代哲人荀子曾說過：「學不可以已。」 也就是說，人一旦停止了學習，就會退步。從人的自我發展和自我實現來說，一旦停止學習，也就到盡頭了。一個人要想有所作為，就要學習知識。現在已經是知識經濟的時代，掌握了現代知識也就掌握了自己的命運。時代還在不斷地前進，知識也在不斷地更替，人也就要不斷地學習，才能跟上時代發展的腳步。人就必須用一生的時間去學習、去努力，我們就會智慧一生，聰明一世。

1・謙虛 —— 打開知識大門的一把鑰匙

俗話說：「水滿則溢。」以一種空杯歸零的態度，你還會有什麼學悟不到的呢？還有一句俗話說：「三人行，必有我師。」如果你想學，在乞丐那裡都有值得你學的東西，不想學的話，即使在哲人面前，你也會有一副不可一世的傲慢。因此，學習的過程，應是一種永不滿足的求學狀態。

　　成功者和失敗者在人生中最主要的差別就是：成功者始終都在用一種最積極的態度去學習，以樂觀的態度去思考，用思考和學習的成績經驗去控制和支配自己的人生。而失敗者則相反，他們並不把過去的失敗作為一個學習的過程，而是消極地怨天尤人、不思進取。因此，不善於學習的人是不會成為成功者的。

　　有人總是說，不成功都是上天不給機會，環境沒提供造就良好的條件。很多人在這些理由下就不再去學習，而是得過且過、滿足現狀中草草地打發時光。可是，我們必須認識到，你自己的人生道路怎樣走，自己有著決定權，如何把握，那就看你在生活中的學習態度了。

　　學習 —— 這個概念應廣義地，並不是狹義地指在學校到課堂照本宣科地學習，也不是辦培訓尋教師找模範的示範性的教條主義學習。那麼學習指的是什麼呢？又需要什麼條件才能達到學習目的呢？首先，學習機會是廣泛的，包括你在生活中的每一步都有可學的東西。要從生活中學到東西，就要具備一種謙虛的學習態度。

　　一位禪師讓徒弟裝來一罈石子，徒弟去裝了一罈石子回來，禪師問徒弟：「裝滿了嗎？」徒弟說：「裝滿了。」禪師拿些細沙順著石縫倒滿後又問徒

弟：「這回滿了嗎。」徒弟說：「這回真滿了」，禪師又取些水倒進去很多，滿了後問徒弟：「現在滿了嗎？」徒弟說：「真的滿了。」禪師又將一些乾土放進去，吸水後又放進好多，禪師又問：「這次真的滿了嗎？」徒弟不敢回答了。禪師又說：「我還可以倒些水進去，它可能在今天真的滿了，可是到後來幾天你再來看它就會空下去很多，因此我告訴你，它永遠都不會滿的。」

這是根據一個禪悟的小故事改寫而成的，其道理是做人永遠不要有自滿的態度，自滿你就不可能學到知識，特別是在這個競爭異常激烈的時代裡，如果我們不去學習就會勝任不了工作，甚至找不到工作；在日新月異的知識翻新過程中，我們今天覺得很實用的學問，也許在明天一覺醒來時就可能被淘汰，任何自滿情緒都是導致失敗的，只有戒除這個不良心態，營造一個永遠渴求新知識的積極學習心態，你才能適應社會時代的需求。

在這個世界上，我們每個人都想成功，都想站在成功的巔峰上風光一下。但你別忘了：成功的路只有一條，那就是學習，正如一位成功人士所說：「成功的路上，沒有止境，但永遠存在險境；沒有滿足，卻永遠存在不足；在成功路上立足的最基本的根本就是：學習、學習、再學習」。

在學習的過程中，我們首先該替自己制定一個學習目標，比如根據時間和其他條件，可以在多長時間自修完什麼課程，聽哪方面的課程輔導，每天給自己多長的讀書時間。要做好這些，重要的是要持之以恆。

另外，在實踐中和現實生活裡都有學之不盡的東西，我們的先哲孔子來給兩個小兒出了個辨日的難題，我們更應從生活裡汲取和參悟其精華而補充自己的不足。只要有了虛心的求知態度，我們就一定會學到東西；也只有不斷地學習，我們才會進步；只有好學的人，他的成功率才高，才會立於不敗之地。

　　沒有人不渴望成功，而渴望達到成功的更高層更是每個人的宿願，實現這一願望的唯一途徑就是要有知識。沒有真才實學，沒有知識的支撐，不管你今天有多優越的條件，或你有好的機遇，或許你已小有成就，遲早是要被時代淘汰的。

　　奧里森‧馬登說過：「人的一生都是受教育的時間，而我們置身其中的世界就是一所大學校。我們所遇到的人，接觸到的事，所有的經驗都是這所學校裡最好的學習資料，只要我們開放自己的耳目，則在每一天，每一秒鐘裡，隨時都可以吸收很好的知識，然後在空閒的時間裡，把吸收來的學識反覆思考，反覆咀嚼，就可以將那些零碎的知識整合成為更精湛、更有意義的學問。」

2‧一專多能，才能拓寬發展空間

> 所謂一專多能即是一個人既要具有專業知識，又要具有適應社會的多方面工作的能力。現代社會選擇職業競爭如此的激烈，我們要想生存，就要樹立起學習終身制的習慣，爭取一專多能，多元化發展，才能適應這個社會的發展。

　　一個人如果掌握多方面的才能，就可以適應任何情況，不管社會怎麼變化，都會找到自己的生存之路。現代社會選擇職業中，我們只有樹立起學習終身制的觀念，爭取一專多能，多元化發展，一是為了謀生，適應這個社會，二是為了充實自己。

　　有一位老師，在所屬部門又兼任會計，她的教學業務和會計業務能力都

是說得過去的，工作以後，一直未能放得下學習，並已參加了註冊會計師考試，這幾年她也發表過許多的短篇文章。後來，她所在的學校招生情況很差，學校關了門，只發生活費，按理說找工作不成問題，而且她在選擇職業上本來就無貴賤觀，可是真正找工作時，又是性別原因、年齡原因等給限制了，加上現在又懷孕了，於是她索性拿起筆來在家做個清貧的自由撰稿人，從而也為自己闖出一條路來。

「家財萬貫不如一技在身」這是一句老話。隨著市場經濟的發展，產業結構的調整和經濟體制改革的深化，傳統的「從一而終」的就業觀念，正受到越來越大的挑戰。一個人要在社會上生存，其技術和技能是賴以生存的重要條件，也是個人謀生的方法。參加工作一二十年，一個不注重隨時替自己充電的人，到了企業競爭工作、擇優錄取的時候，你原有的知識量，早已經嚴重「透支」，經不起市場的風起雲湧。怎樣才能讓「謀生方法」這本存摺上的數字越來越大，「終身學習，隨時充電」才是「萬變不離其宗」的法門。僅僅守著「做一行，愛一行」的觀念是不夠的，只有「精一行、會兩行、懂三行」的複合型人才，才是市場上的「搶手貨」。

傳統意義上的七十二行，在這個知識爆炸的時代已經明顯不夠了，全世界每年有多種工作職位在不知不覺中消失，同時，又有上千種新興的職位悄然出現。

臨淵羨魚，不如退而結網。君不見：電腦、電腦等級證書，英語等級證書、電子維修、文祕財會、棋藝茶道等各種培訓班的「人氣」很旺嗎？如今，文明素養和職業技能已經成為影響你收入高低和生活品質的最主要的因素。當企業經營出現困難時，高素養、多技能的員工輕易跳槽，享受高薪；而只有單一技能的職工的就業率就低得多。許多人早已開始針對市場需要什

麼就學什麼，知識結構裡缺什麼就補什麼。只有渾身「修煉」得「十八般武藝」，任何變化你都能泰然處之。「藝多不壓身」，正如一句廣告詞所說：有實力才有魅力。處於社會競爭的我們，要認清個人所處的位置，認識到培養各種技能的重要性，這既是社會經濟發展的需求，也是每個人自身生存發展的需求。

有一個朋友，她失業了。年齡已過 30 歲，她花兩年時間苦讀韓語，因為有些基礎，而獲得專業文憑。她被一家中韓合資企業聘去當翻譯。重新工作的她，嘗到過失業的心情，工作很賣力，月薪也比在以前的公司時高出好幾倍。工作中，常有些日本客戶來談專案，日語她懂幾句，但很不成樣子，她又暗下決心，研讀日語，陪客戶時向客戶學習，工作之餘用答錄機學習，假日她去外語學院學習，家裡的事全託付給她丈夫了。又經過三年的努力，她的日語水準已達到六級，口語達到相當的水準。後來，她又跳槽到大連市一家中日合資企業，收入頗豐。

想想看，她沒有外語的技能誰會要她，她沒有日語的技能又怎麼能跳槽，賺更多的錢呢？過去有句話叫做「空袋子在哪也立不起來。」意思是說人沒有一點技能是不行的。現在還有一句話「一個人總得有兩下子，一下子是不行了。」為什麼不行了呢？就是社會發展了，科技進步了。再則，這個「一技」還是「多技」怎麼比，和誰比。如果範圍很小，限於家裡、組織裡、小企業裡是不行的，那也不叫一技。所謂的「一技」或是「多技」必須是國家認可的，社會認可的，有相當範圍，這種多技才有作為。

總之，我們只有更努力，更出色，更獨立，才能在這個社會站住腳。

3．一邊工作一邊也能學習

一個人如果受過了高等教育，是一種重要的標籤與資歷。但僅此一條是遠遠不夠的，特定的知識僅僅只有幾年的有效壽命，更多的知識是在工作當中邊做邊學。

(1) 學校教育

學校教育是一個長達十幾年的漫長過程，這個過程中，個人教育的決定權很大程度上取決於我們的父母。

小學、中學教育是一種基礎教育，目標僅僅是說明我們擺脫文盲，以及掌握一些基本的、通用的知識，培養學習能力與掌握學習方法也是一個重要的目的。

高等教育則是一種專業教育。人生的確有時很矛盾，居然要求個人在缺乏足夠的資訊條件下，為自己做未來的基本定位，一個十幾歲的人必須決定自己未來的職業領域，並花費重要的幾年時間為自己茫然的定位決策學習各種東西。

高等教育除了學習特定的專業知識之外，更重要的是掌握特定的專業理論，現在所有的大學都將外語、電腦的知識與技能作為教育的重要內容，這是時代的進步。

如果在條件允許的情況下，你不能肯定自己未來的職業定位，就選擇一個良好的大學；如果你已經肯定自己的職業定位，則選擇特定的專業，至於什麼學校則不重要。如果你發現自己選擇錯誤，盡快更改自己的學習內容，

按照自己的興趣設計自己的學習內容。

　　學校時期，你必須擁有一定的知識基礎，這是你步入社會走向職場的關鍵。

(2) 工作中學習

　　資訊時代，特定的知識通常僅僅只有幾年的有效壽命，即使是北大、清華的學生，畢業幾年後也會面臨知識更新的問題，這是一個基本的事實與常識。你在大學中學到的知識只占其終生所學知識的 10% 左右，其餘的知識都是在以後的工作中邊做邊學的。

　　個人的職業生涯，一方面在不斷地升遷，另一方面也會不斷地變換工作環境。沒有透過學習掌握新的知識與技能，是不可能有所發展的。

　　工作中的學習有直接的針對性與目的性，大大縮小了學習的內容，增強了學習的明確性，學習起來更容易。

(3) 職業教育

　　企業錄取新人看文憑，「限碩博士生」的說明常常出現在徵才訊息上，國外又是怎樣呢？據報導，某一年的 5 月 18 日，北京職業教育國際周國別報告在長城飯店展開序幕。記者採訪了歐洲職業教育與培訓論壇主席漢斯．艾爾斯特博士。

　　艾爾斯特告訴記者，歐洲職業教育的理念和發展目標是「讓學習更靠近學習者」，這一想法需要利用網路，以遠端教育為基礎，但又高於現在流行的遠端教育。具體來說，就是教育機構和教師更多充當顧問的角色，給學生提供短期和長期目標，為他們的個人發展提供建議。這裡，學生不單指在校生，而是指社會上所有有求知欲望的人。

談到荷蘭的教育狀況，艾爾斯特說：「職業學校畢業的學生，都可以輕而易舉地找到工作，成為中階管理人員，少數優秀人員還可以成為跨國企業高階管理人員。」

「在荷蘭，大學畢業生有時候找不到工作，要到職業學校學點技術才能找到工作。」他說。

在荷蘭，學生國中畢業後有兩種選擇：就讀職業學校和普通學校，大體上相當於職業高中和普通高中。職業學校的專業覆蓋面廣，包括各項專業技術，大學裡有的專業職業學校基本上都有，只是內容淺一些；另外，學生畢業後可以找工作，也可以和普通學校的學生一樣報考大學，待遇相同。而普通學校是為了培養大學生，學生一旦考不上，很難求職。

現在，越來越多的優秀學生更喜歡上職業學校，因為這樣會有更多的選擇。

21 世紀的教育將是開放式的教育。你生活的這個時代，每天都在產生著新的職業，同時一些舊職業也在逐漸消失。每一個人都需要不斷地學習，才能適應工作的需求。如果說，在不久前，你還有可能掌握你的領域中前人所累積的全部知識的話，那麼今後，你再也無法指望在年輕時能學到夠下半輩子用的知識。有調查顯示，化學知識不到六年就翻了一番，資訊技術知識不到五年就增加了一倍。微軟總裁比爾·蓋茲曾對軟體開發人員說：「四到五年後，現在使用的每句程式指令都得淘汰。」知識的更新速度將越來越快，個人的知識如果不能隨之而更新，很快就將遠遠落後於時代的發展。知識的迅速進步在促使個人更新知識的同時，還不斷引發技術革新，技術革新又會使職業結構發生翻天覆地的變化，造成一些新的領域和專業人才需求。與此同時，某些傳統領域和行業的人才需求將會減少，甚至被淘汰。這兩方面

的發展趨勢將越來越明顯，從而要求個人的知識結構、知識層次和知識面不斷更新。

終身教育適應了這樣一種職業觀念：在作用上，職業不只是個人為維持生活而必須選擇的社會角色，而且是保持個人與時代發展同步的參考坐標；在內容上，職業不再只是完成影響企業運轉的那部分任務，而且還包括為了將來也能勝任工作而接受的教育和培訓；在形式上，職業不只是一個工作崗位，更是一所具有不斷更新的培養目標的小型培訓基地。

隨著社會進步和經濟發展，需要高水準知識和能力的職業的數量越來越多，社會對高等教育的需求也隨之增長，而且專業不斷更新，這些進程將使高等教育發展的速度遠超過中等教育。加上資訊和傳播技術使接受高等教育的機會和教育模式更多，因此大學普及化的趨勢已不可逆轉。這種普及並不是讓所有的人都從中等教育直接過渡到高等教育，並將高等教育作為教育的最後階段，而是讓所有人在一生的不同階段接受某種形式的高等教育，實行全民終身教育。

（4）書籍

人生不可一日無書。書滿足人類喜新厭舊的本性。你看世界幾乎無時無刻都在推陳出新，令你挑花了眼。人生苦短，及時讀書，否則將後悔莫及。

有人總結出人生不同階段讀書的作用與樂趣：

少年讀書：擺脫文盲，奠定基礎，認識自我；

青年讀書：謀職安身，講求時效，自我定位；

中年讀書：滋潤心靈，舒緩心理，提升涵養；

老年讀書：神遊千古，神交友朋，智慧人生。

書實在是人生的需求，而非外在的強加。書是你我的良師益友，實應好好珍惜。

「萬般皆下品，惟有讀書高」的年代已經過去了，但是養成讀書的好習慣則永遠不會過時。

哈利・杜魯門是美國歷史上著名的總統。他沒有讀過大學，曾經營農場，後來經營一間布店，經歷過多次失敗，當他最終擔任政府職務時，已年過五旬。但他有一個好習慣，就是不斷地閱讀。多年的閱讀，使杜魯門的知識非常淵博。他一卷一卷地讀了《大不列顛百科全書》以及所有查理斯・狄更斯和維克多・雨果的小說。此外，他還讀過威廉・莎士比亞的所有戲劇和十四行詩等。

杜魯門的廣泛閱讀和由此得到的豐富知識，使他能帶領美國順利度過第二次世界大戰的結束時期，並使這個國家很快進入戰後繁榮。他懂得讀書是成為一流領導人的基礎。讀書還使他在面對各種有爭議的、棘手的問題時，能迅速做出正確的決定。例如，在 1950 年代他抵擋壓力把人們敬愛的戰爭英雄道格拉斯・麥克阿瑟將軍解職。

他的信條是：「不是所有的讀書人都是一名領袖，然而每一位領袖必須是讀書人。」

美國前總統柯林頓說：「在 19 世紀獲得一小塊土地，就是起家的本錢；而 21 世紀，人們最指望得到的贈品，再也不是土地，而是聯邦政府的獎學金。因為他們知道，掌握知識就是掌握了一把開啟未來大門的鑰匙。」

每一個成功者都是有著良好閱讀習慣的人。世界 500 家大企業的 CEO 至少每個星期要翻閱大概 30 份雜誌或圖書資訊，一個月可以翻閱 100 多本雜誌，一年要翻閱 1,000 本以上。

　　如果你每天讀 15 分鐘，你就有可能在一個月之內讀完一本書。一年你就至少讀過 12 本書了，10 年之後，你會讀過總共 120 本書！想想看，每天只需要抽出 15 分鐘時間，你就可以輕易地讀完 120 本書，它可以幫助你在生活的各方面變得更加富有。如果你每天花雙倍的時間，也就是半個小時的話，一年就能讀 25 本書──10 年就是 250 本！

　　我覺得，每一個想在 35 歲以前成功的人，每個月至少要讀一本書，兩本雜誌。

4・學無止境，成功需要終生學習

> 學無止境，成功需要終生學習，每一個想成功的人都應該認識到，學習將成為終生的需求。

　　過去一個人只要學會一技之長就可以終生享用，現在就不行了。今天還在應用的某項技術，明天可能就已經過時了。知識、技術更新換代的速度讓人目不暇給，要使自己能夠跟上時代發展的步伐，就要不斷地學習。

　　其實，中國古代哲人荀子早就說過：「學不可以已。」人如果停止學習，就會退步。從人的自我發展和自我實現來說，一旦停止學習，也就到盡頭了。

　　我們今天還談不上到不到盡頭的問題。我們多數人還在如何適應生存，如何才能在發展自己的問題上思考著學習的重要性。如果停止學習，你就要落伍，就要被時代淘汰，你的生存就會受到威脅，就談不上發展，更談不上

自我實現。

人的潛能是很大的，成功沒有止境，學習也是沒有止境的。不斷地學習，你就會有不斷地進步。

有些人淺嘗輒止，滿足於一時的成功。他們雖然值得慶賀，但不值得人敬佩。只有那些不斷進取，不斷超越自己的人才值得我們敬仰。

俗話說：活到老，學到老。對於現代人來說，更不能停止學習，一個人一旦停止了學習，他就會成為社會的落伍者，他將在快速發展的社會裡找不到自己的位置。

斯托・衛爾原來想做一個營造工程師，並且一直在這方面學習專業知識，武裝自己，但是，在美國經濟大蕭條時期，他找不到他的就業市場，也就是說，他所學的專業知識沒有用武之地，他無法實現原來的夢想。

他重新估量了自己的能力，決定改行學習法律。他又一次回到了學校，去學習將來可以當法人律師的特別課程，很快，他學完了必修課程，通過了法庭考試，很快就執業營運了。

斯托・衛爾回學校上課的時候，已經年逾不惑，並且成家立業，更加令人感動的是，他不逃避困難，而是仔細挑選了法律最強的多所院校去選修高度專業化的課程，一般法學系學生需要四年才能上完的課程，他只花了兩年就讀完了。

很多人會找藉口說：「我已經太老了，學不懂了。」或者說：「我有一大家子人等著我去養活，哪有時間去學習？」這實際上是一種藉口罷了。這是一種得過且過，苟且偷安，貪圖享受，安於現狀，不圖進取的心理在作怪，是在替自己找一個體面的藉口罷了。

其實，人生是一個本我、自我、超我的一個過程，只有你不斷地學習，

你才能達到最高的人生境界。

　　人的一生就是學習的一生。學習一生，你就會有收穫的一生。學習一生，你就會有成功的一生。學會學習，你的一生就有了意義。只有學習才是人終生的事業。

5·真才實學遠遠大於一張文憑

真才實學是走向成功的敲門磚，那種僅僅靠一張徒有虛名的文憑，只是做表面文章罷了，是難以適應社會的發展的。

　　高爾基曾說：「社會 —— 是一所最好的大學」。社會這所大學很務實，能給你實用的知識，也能給你鮮活的資料，如果你真的需要，它什麼都可以提供給你。

　　愛上這所學校吧，是你一生受用的學校。

　　渴求知識是一種積極心態，很多人在沒有條件讀書後就會說：這就是命。而有些人在沒有讀書後卻能更發憤地學習，正如很多人在童年沒讀多少書，但後來卻能與偉人為伍，被人們尊為成功者、強者，在古今其例繁多，不勝枚舉這些成功都與他們的吸取社會知識的營養分不開的。

　　在生活實踐裡學到的東西遠比課本裡的東西豐富得多，主要看你是否真的對學習有強烈的欲望，如果沒有，即使將你放在一流學府裡，你學到的東西也是很膚淺的。

　　學習的機會是無所不在，各種環境與機構處處在學習。學校教育僅僅提

供學習機會的一部分，學習場所更不是只有學校而已。生活所處的家庭、鄰里、社區、社團、企業等各式各樣環境與機構都是終身學習機會的一環。

在實踐中和現實生活裡都有學之不盡的東西，我們只要有一個積極的態度，就能夠在任何情況下，獲得我們需要的知識和才能，更重要的是還應從生活裡汲取和知識的精華而補充自己的不足，從而走向人生成功。而這些是學校裡無法學到的。

有兩個人是高中的同學，考試的成績也不相上下，同時考入了某大學，但就在收到錄取通知書的同時，一個名叫阿春的母親突患急症而入院急救，經診察為腦溢血，因搶救及時而無生命危險，但卻從此成了所謂的植物人。這無疑給那個原本不寬裕的家庭造成了重創，望著白髮愁眉的老父和躺在加護病房裡的老母，阿春決定放棄學業，以幫老父維持這個家的生計。為了償還給母親治病欠的債，他決定去打工。

在建築工地上，阿春起初是個苦力工，由於有些文化底子，經理有意要阿春到行政單位去做做預算什麼的，但行政單位是固定工資，收入穩定但不高，阿春就請經理安排他在一線賺錢多一點的職位。在工作期間，阿春邊做邊學，不恥下問，很勤快。對任何不懂的東西都向有關的師傅請教。在實踐中虛心學習、使阿春在一年多的時間裡掌握了幾種主要建築工程必備的技術。但這只是實際操作知識，阿春又利用那點有限的休息時間，購置了一些建築設計、識圖、間架結構等有關書籍資料，在蚊子叮燈光暗的工棚裡學習。

偶爾與那位上了大學的同學通信，大學生就在信裡為阿春描述大學的生活如何的豐富多彩，信上說，大學裡可以和同學談戀愛，進舞廳，同學們可以到校外去聚餐野遊喝酒。阿春寫信說自己打工的條件很苦，沒有機會上大

學了，勸他的同學要珍惜那裡優越的學習機會和條件。這位同學回信說在大學裡學習一點都不緊張，學得只要別太差，一樣會拿到畢業證書的。

第二年，阿春基本掌握了基本建築的各種操作技術和原理，漸漸由技術員提升為副經理。由於阿春的好學肯做精神，以及扎實的基礎，公司試著給阿春一些小專案讓其去施工。由於處理方法得當和管理到位，阿春的每個專案都出色地完成，在這期間，阿春仍沒放棄學習，自修了哈佛管理學中的系列教程，還選修了一些和建築有關的學科，準備參加自考，完善自我。

第三年，公司成立分公司，在競選經理時，阿春以優秀的成績競選成功，阿春準備在這個行業中大展宏圖、建功立業。

同年六月，那位上了大學的同學畢業了，由於平時學習不太刻苦，有幾科考得很不理想，勉強拿到畢業證書。因此在很多用人單位選聘時都落選，只有一家小公司看中他，決定試用半年，由於剛畢業且在實習期，工資和待遇不高，以及工作條件不理想，這位同學很惱火。由於他學習成績不佳，且在工作中態度不端正，雙方均不滿意，只好握手言別，這位大學生失業了。

此時的阿春已是擁有近千人的工程公司的經理，仍在遠端教育網上進修和業務相關的課程。大學生找到阿春說自己的想法是要給阿春來做個助手，「朋友嘛，總有個照顧。」

阿春說：「來工作可以，我這裡同樣也只問效益和貢獻，沒有朋友和照顧，要拿得出真才實學。到哪都會得到認可，光靠朋友和照顧，那是對你以及我公司的失職，那永遠是靠不住的」。

有人說：過去的時代是資本時代，由資本決定社會的發展；而現在則是知本時代，知識就是資本。知識經濟時代，就需要我們改變觀念，掌握真正有知識，知識，才能創造財富，走向成功。如果你學不到真正的知識，就等

於失去了社會的生存競爭力。

　　實力的強弱並不能決定能力的高低和成功與否。學習中，資質平庸的人，只要用心專一，假以時日，必有所成。相反，天資聰穎的人如果心浮氣躁，用心不專，只會辜負上天的厚愛，一事無成。

　　知識並不是全都要一本正經地坐在學校抱書執筆才會學到的，在現實之中，每個社會環境裡，只要你真潛心俯首求知，那你終將得到真實的知識，受益一生。

習慣七　樂觀向上

英國作家福樓拜（Gustave Flaubert）說：「一陣爽朗的笑，猶如滿室黃金一樣引人注目。」隨身攜帶「快樂」，這是一種良好的生活習慣。快樂是健康生活的首要條件，沒有快樂，生活將像一口枯井；而擁有快樂，生活將會像一杯加了鮮奶和方糖的咖啡，濃郁而香甜。

1・給自己一個笑臉

> 微笑是一片花瓣，能給人以美麗芳芬；微笑是朵浪花，使生活流淌歡暢；
> 微笑是一串音符，能讓你的人際關係優美和諧。

微笑是上帝賜給人的專利，是一種令人愉悅的表情。面對一個微笑著的人，你會感到他的自信、友好，同時這種自信和友好也會感染你，使你油然而生出自信和友好來，從而和對方很快就會親切起來。

微笑是一種含義深遠的身體語言，微笑可以鼓勵對方的信心，微笑可以融化人們之間的陌生和隔閡。當然，這種微笑必須是真誠的，發自內心的。

微笑，是最好的交流工具。微笑是友好的標誌，是融合的橋梁。微笑可以化干戈為玉帛，協調人與人之間的關係，更可以創造快樂的氣氛。那些不懂得利用微笑價值的人，實在是很不幸。要知道，微笑在社交中是能發揮極大效果的。

無論在家裡、在辦公室，甚至在途中遇見朋友，只要你隨身帶上微笑的習慣，肯定會收到意想不到的良好效果。正如英國諺語所說：「一副好的面孔就是一封介紹信。」微笑，將為你打開通向友誼之門，如果我們想要發展良好的人際關係，建立積極的心態，那麼就必須養成微笑的習慣。

人與人相處，微笑就是你美麗的外衣，你的笑容就是你如意的信差，能照亮所有看到它的人。要上班時，對大樓門口的電梯管理員微笑；跟大樓門口的警衛微笑，跟同事微笑，跟上司微笑。

沒有什麼東西能比一個陽光燦爛的微笑更能打動人的了。微笑具有著神奇的魔力，蘊含著震撼人心的力量，它能夠化解人與人之間的冰凍；微笑也

是你身心健康和家庭幸福的標誌。

微笑，永遠是我們生活中的陽光雨露，它能讓你魅力四射，閃現出美麗的光芒。要學會自己微笑，它可以改變我們的命運和世界。記住一點：微笑不僅僅是為了別人，更是為了自己，面對生活，我們應該微笑。

沒有什麼東西能比一個陽光燦爛的微笑更能打動人的了。微笑具有神奇的魔力，它能夠化解人與人之間的冰凍；微笑也是你身心健康和家庭幸福的標誌。

無論你在什麼地方，無論你在做什麼，在人與人之間，簡單的一個微笑是一種最為普及的語言，它能夠消除人與人之間的隔閡。

人與人之間的最短距離是一個可以分享的微笑，即使是你一個人微笑，也可以使你和自己的心靈進行交流和撫慰。

一旦你學會了陽光般燦爛的微笑，你就會發現，你的生活從此變得更加輕鬆，而人們也喜歡享受你那陽光般燦爛的微笑。

善待自己，給自己一個笑臉，讓陽光、快樂走進你敞開的心靈。

每天清晨起床，對鏡中的自己說：「今天將是美好的一天。」總是保持著笑容，變得比以前開朗，不再把事情看得太嚴重，反正天塌下來還有大家，無論何時、何地，總是積極地挑戰明天。開始懂得與大家和睦相處，而不是明爭暗鬥，從心底去愛人，而不是做做表面文章⋯⋯

是啊，當我們面對困惑面對無奈時，是否該悄悄地給自己一個笑臉呢？

給自己一個笑臉，讓自己擁有一份坦然；給自己一個笑臉，讓自己勇敢地面對艱險。這是怎樣的一種平和、怎樣的一種豁達、怎樣的一種鼓勵啊！

獨步人生，我們會遇到種種困難，甚至於舉步維艱，甚至於悲觀失望。征途茫茫有時看不到一絲星光，長路漫漫有時走得並不瀟灑浪漫。這時，給

自己一個笑臉好嗎？讓來自於心底的那份執著，鼓舞著自己裝上翅膀在藍天翱翔；讓來自於遠方的呼喚，激勵著自己帶著生命闖過難關。

想想人生中總有那麼多失敗、挫折、痛苦和折磨，這個時候請不要閉鎖你的心靈，請不要讓自己的心靈布滿陰雲，請不要拋開生活中的一切美好的東西，敞開你的心靈，讓陽光走進來，讓歡樂走進來，讓美好走進來，到這時你會明白，失敗、挫折、痛苦和折磨不是生活的全部，也不是生活的最終；失敗、挫折、痛苦和折磨會使你成熟、堅強、豁達，它是人生中的寶貴財富。

那麼，朋友，當不幸降臨到你身邊的時候，給自己一個笑臉，對自己說：「這一切都會過去，珍惜生活中的每一寸時光，善待自己吧！」

給自己一個笑臉，善待自己人生只有一次，無可取代，為什麼要因身外之物而煩惱，無辜損傷了自己的細胞呢？當消極情緒出現時，要讓自己的情緒轉換成積極心態；當憂鬱心情出現時，要立即想辦法將自己的心情調適到開朗的地步。不論外在環境是否狂風暴雨，只要心中有陽光，人生就會永遠充滿希望。

無論你在什麼地方，無論你在做什麼，在人與人之間，要長個「心眼」，記住：簡單的一個微笑是一種最為普及的語言，它能夠消除人與人之間的隔閡。人與人之間的最短距離是一個可以分享的微笑，即使是你一個人微笑，也可以使你和自己的心靈進行交流和撫慰。

一旦你學會了陽光燦爛的微笑，就會發現，你的生活從此會變得更加輕鬆，而人們也喜歡享受你那陽光燦爛的微笑。

百貨公司裡，有個窮苦的婦人，帶著一個約 4 歲的男孩在轉圈子。走到一架快照攝影機旁，孩子拉著媽媽的手說：「媽媽，讓我照一張相吧。」媽媽

彎下腰，把孩子額前的頭髮梳理在一旁，很慈祥地說：「不要照了，你的衣服太舊了。」孩子沉默了片刻，抬起頭來說：「可是，媽媽，我仍會面帶微笑的。」

如果你在生活的照相機前也像那個貧窮的小男孩一樣，穿著破爛的衣服，一無所有，你能坦然而從容地微笑嗎？

面對著親人，你的一個微笑，能夠使他們體會到，在這個世界上，還有另外一個人和他們心心相連；面對著朋友，你的微笑，能夠使他們體會出世界上除了親情，還有同樣溫暖的友情，讓我們感受到，對朋友，微笑是重要的，必不可少的；走遍世界，微笑是通用的護照；走遍全球，陽光雨露般的微笑是你暢行無阻的通行證。

不僅如此，笑，還是一種神奇的藥方，它能醫治許多疾病，並具有強身健體的醫療功能。醫學家告訴我們，精神病患者很少笑，一個人有疾病或者有其他煩惱，那他也不會從心底發出笑聲。

美國加利福尼亞大學的諾曼·卡滋斯曾患膠原病，這是一種疑難雜症，康復的可能性僅為五百分之一，而他就成為這個「一」。後來，他把當時的情況寫在了《五百分之一的奇蹟》這本書裡：

「如果消極情緒引起肉體消極的化學反應的話，那麼，可以推測，積極向上的情緒可以引起積極的化學反應。」

「可以推測，愛、希望、信仰、笑、信賴、對生的渴望等等，也具有醫療價值。」

卡滋斯認為，笑具有驚人的醫療效果：「我的體會是，如果能夠從心底裡發出笑聲，並持續十分鐘，會產生諸如鎮痛劑一樣的作用，至少可以解除疼痛兩個小時，安安穩穩地睡覺。」

甜甜的微笑，不會花費你多大的代價，卻能給你帶來意想不到的巨大成功。

一位頂尖的推銷大師，在日本被譽為「推銷之神」的原一平，經過長期的苦練，他的笑已經到了爐火純青的地步，而他笑的藝術，則被人讚譽為「價值百萬美元的笑容」。

微笑是贏得客戶支持率的關鍵之一。所以微笑是服務人員第一個重要的特質，永遠拿出一張笑臉，這樣會令對方感覺很好。

美國飯店業大王希爾頓在 1919 年把父親留給他的 12,000 美元連同自己賺來的幾千美元投資出去，開始了他雄心勃勃的經營飯店的生涯。

當他的資產奇蹟般地增值到幾千萬美元的時候，他欣喜而自豪地把這一成就告訴了母親。出乎意料的是，他的母親淡然地說：「依我看，你和以前根本沒有什麼兩樣……事實上你必須把握比 5,100 萬美元更值錢的東西：除了對顧客誠實之外，還要想辦法使來希爾頓飯店的人住過了還想再來住，你要想出這樣一種簡單、容易、不花本錢而行之久遠的辦法去吸引顧客。這樣你的飯店才有前途。」

經過了長時間的迷惘和摸索，希爾頓找到了具備母親說的「簡單、容易、不花本錢而行之久遠」四個條件的東西，那就是：微笑服務。

這一經營策略使希爾頓大獲成功，他每天對服務生說的第一句話就是：「你對顧客微笑了沒有？」即使是在最困難的經濟蕭條時期，他也經常提醒職員們記住：「萬萬不可把我們心裡的愁雲擺在臉上，無論飯店本身遭受的困難如何，希爾頓飯店服務生臉上的微笑永遠是屬於旅客的陽光。」就這樣，他們度過了最艱難的經濟蕭條時期，迎來了希爾頓飯店業的黃金時代。

《羊皮卷》箴言：「即使贈品只是一張紙，顧客也會高興的，如果沒有贈

品，就贈送笑容。一點小小的贈品會取悅顧客，這是人情的微妙。因此，要一直維繫好感，最妥當的方法就是微笑，再微笑。」

2・訓練你的樂觀

> 樂觀還是悲觀，取決於你的思維習慣、生活方式以及心態。在任何一種情況下，你都可以選擇是要樂觀還是要悲觀。

假設我們設想某一個公司的銷售額沒有達到去年的水準。業務經理召集他的職員開了一個大會，他說：「我們必須提高銷售額，否則我們明年將會很慘。」

我們假設還是同樣的經理，他說：「我們還有潛力與更多的客戶合作。雖然我們今年沒有完成目標，但我堅信以後我們會的，我們一定會做得更好，因為我們本身就很優秀。」 哪一種表達方式更能激起職員們的樂觀情緒和積極的反應？

在第一季經營平淡的情況下，明智的經理會樂觀地看到在下面的三季裡他們可以做得更好。而悲觀的經理則會有意無意地寄望於下一個年頭。他的情緒將會透過某種方式傳遞給他的職員和顧客。那麼毫無疑問，這個年頭將不會是一個好年頭。

假設你在做房地產生意，你對自己說：「現在抵押貸款很困難，現在可能不是做生意的好時候，我為什麼要跟自己過不去呢？」

現在，再和另外一種想法作一個對比：「現在抵押貸款很困難，它將會嚇

跑一些實力薄弱的投資者。現在正是做生意的好時候，最大的受益者將會是我這樣嚇不跑的人。」

另外一個例子：你以賣車為主，但是你發現幾乎所有的顧客都只買你的競爭對手的車，你可能會想：「他們的車的確不錯，但是有誰樂意在大街上駕駛和別人一樣的車？現在是我賣車的好機會。」

另外一種反應是消極的：「他們的車在市場上很搶手，每一個人都想買，我可競爭不過他們；每一個來買我的車的客戶都在拿我的車和他的車相比，我不如就此罷手，和他們競爭是無益的。」

由此看來，樂觀是一種選擇，悲觀是一種選擇，沮喪也是一種選擇，亞伯拉罕‧林肯曾經說過：「大多數的人都是像他們所決定的那樣高興起來的。」

如果你希望演練驗證一下，不妨從下面開始，看一看這樣做之後你的情緒是否會提升。

一日之計在於晨，所以我們首先應明白的第一件事情就是樂觀應從早晨開始。也許你昨天睡得太晚，吃得太多或工作太辛苦，因而你在起床時就會感到太疲憊，你可以在起床前透過呻吟來排遣你的不適，但切忌不要把它帶到你的一天的生活中，要知道如果每天的開始你能保持一個愉悅的心情，並且告訴自己這將是怎樣的一天，那麼你的樂觀情緒就會滲透到你日常生活中的所有角落。

當你早晨起來的時候，不要讀報紙的頭版，從一個輕鬆的部分開始，比如體育版、生活版，或者從幽默笑話開始。

最後再轉入頭版（這時你才會對這個被悲觀浸透了的世界有一個清醒的認識，可以分析出到底是哪裡出了問題）。

作為每天必需的練習，當你起床時，不要考慮自己的生活上或公司裡出了什麼差錯，或今天可能出什麼問題，而要好好想想，自己到底做過什麼—— 自己的成績 ——然後告訴自己，今天將會是一個好日子。

這樣，每天早晨你起床的時候，你就可以大聲對自己說一聲：「今天將會是一個好日子。」然後你可以再說：「今天是屬於我的，沒有誰能把它從我身邊拿走。」

這樣你便可以讓自己愉快起來，而不會對昨天發生過的不愉快的事抱怨不休，也不會沉溺於對過去歷史不幸記憶的緬懷之中。從而把你的樂觀情緒帶給你周圍的人。

3・付出愛心，你的內心世界會更美

我們每個人在出生的那一天都得到了一份上帝送給我們的最好的禮物，那就是世界。那麼，我們也應給這個世界一份禮物，那就是我們對這個世界的愛，對這個世界上所有的人、物的愛。

想一想，我們的父母把我們每個人帶到這個世界上，的確是一種奇蹟。

我們和給了我們生命的父母能在一起生活，是一種緣分，也是一種幸福。

我們和我們周圍的人，不管是你的鄰居、你的同事、你的朋友，甚至你的敵人，能一起生活在這個星球上，而且還處於同一個時代，的確也是一種緣分，一種幸福。

　　我們和路旁的小樹、小草，花園裡盛開的花朵，樹蔭裡快樂地鳴叫著的小鳥，樹林裡快活地跳躍的小鹿，能一起生活在同一片藍天下，也是一種緣分，一種幸福。

　　俗話說，「十年修得同船渡」，那麼，我們和我們的父母、我們周圍的人、花朵、小鳥、小草、小樹、小鹿，一起生活在這個世界上，不知修了多少年？

　　再想一想，我們在這個世界上，只能生活短短的幾十年，的確是太短太短的一個瞬間。

　　我們出生的時候，父母親盼望著我們長大，因為他們把我們帶到這個世界上，就是為了讓我們長大成人；而當我們真的長大成人的時候，父母親又怕我們長大，因為當我們長大的時候，他們就老了。

　　當我們剛剛懂事的時候，我們盼望著我們長大，因為長大了，我們就可以掙脫父母親用愛織成的那一張網；而當我們到了可以掙脫那張網的時候，卻又多麼希望那張網永遠永遠地罩著我們。

　　所以，我們沒有理由不愛一切。

　　我們的確沒有理由不愛我們的這個世界，哪怕這個世界仍然有這樣那樣的讓你我不滿意的地方，有戰爭，有犯罪，有汙染。只因為她是我們的世界。

　　我們的確沒有理由不愛我們的父母，哪怕我們的父母只是一個普通的再也不能普通的人，哪怕他們沒有留給我們萬貫家產，哪怕他們並沒有給我們高貴的血統。我們愛他們，只因為他們是我們的父母。

　　我們的確沒有理由不愛我們周圍的人，鄰居、同事、朋友。儘管為了某事，你和鄰居吵過架；儘管為了某事，你和同事有過不快；儘管為了某事，

你和朋友紅過臉；儘管為了某事……但這些並不妨礙我們愛他們，只因為我們生活在同一個地球上，生活在同一片藍天下。

如果我們不再一定要找出愛的理由來，而將愛本身就作為一種最恰當不過的理由，我們就不會再為自己找不到那些不應該尋找的愛的理由而生出無窮的煩惱了，也不會再讓我們與我們一生也難以遇到的人天各一方，以致於抱憾終生！

是的，世上沒有無緣無故的恨，也沒有無緣無故的愛。但我們一起生活在這個美麗的星球上，這個理由還不充分嗎？

所以，愛我們這個世界吧，既然人生如此短暫。

愛我們的父母吧，既然是他們給了我們生命。

愛我們的鄰居、同事、朋友吧，既然我們是鄰居，是同事，是朋友。

愛我們身邊的小鳥、小鹿、小草、小樹，還有美麗的花朵吧，既然他們和我們一起點綴著這個世界。

所以，請你熱情地相信「這的確是一個美好的世界」，那麼她就真的會變成一個極其美好的世界。

無論怎麼說，愛畢竟是我們這個世界裡最值得去散播的種子。大部分人臨終的時候都希望有這樣的感覺：我們生活得很好，並且在我們將要離開這個世界的時候，能夠感到這世界曾經因為我們的到來而變得更加美麗，更加美好。

所以，每一個人都應該向自己的四周散播自己的愛心。這就像玩彈力球一樣，你將它們拋出去，它們又會再彈回來。對我們來說，這只是小事一椿，但是我們的世界卻因此收到了一份珍貴的禮物，我們的生命也就因此而變得非同尋常。

　　是的，無論你願意與否，你都得在我們這個星球上生活下去。在我們這個世界上，有明媚的陽光，有盛開的鮮花，有綠草青青的山坡，有那麼多可愛的小動物；當然，還有我們這些人類。當然，在我們這個世界上，也有戰爭，有核武，有犯罪，有失業，有環境汙染等等。這些都是我們每個人必須面對也不得不面對的問題。

　　但無論怎麼說，這是一個美好世界。從一定意義上說，愛這個世界，你別無選擇！

　　生命對於我們來說是非常寶貴的。如果我們的壽命是 70 歲的話，我們能在這個星球上看到 25,567 次日出。我們確實沒有那麼多的時間浪費在煩惱、自我輕視、憂鬱沮喪，以及絕望之中。人生真是非常短暫，短到我們不能將它浪費在悲嘆呻吟之中。因而，我們就沒有理由再去懷疑這個世界是否美好，我們投有懷疑的時間。

　　只要你付出一份愛心，那麼這個世界就是最美麗的世界。

4・放得下，就快樂

古語說：「寵辱不驚，閒看庭前花開花落；去留無意，靜觀天上雲捲雲舒。」這句話就道出了「放得下」的快樂，而身為現代人，我們為何不像他們一樣，學會「放得下」來替自己增加一點心理彈性，你就會在生活中少一份煩惱，多一份快樂。

　　英國科學家貝佛里奇指出：「疲勞過度的人是在追逐死亡。」我國唐代著名醫藥家、養生學家孫思邈，享年 102 歲的他在論述養生良方時說：「養生

之道，常欲小勞，但莫大疲，莫憂思，莫大怒，莫悲愁，莫大懼……勿把憤恨耿耿於懷。……」放得下就快樂。

事實也是如此，有的人之所以感到生活很累，無精打采，未老先衰，就因為習慣於將一些事情吊在心裡放不下來，結果在心裡刻上一條又一條「皺紋」，把「心」折騰得勞而又老。

辨證論治療，對症下藥，處於上述各種狀況時，最簡單可行的方法就是「放得下」。

「放得下」主要展現於以下幾方面：

(1) 財富能否放得下

李白在〈將進酒〉詩中寫道：「天生我材必有用，千金散盡還復來。」如能在這方面放得下，那可稱得上是非常瀟灑的「放」。

(2) 情感能否放得下

人世間最說不清道不明的就是一個「情」字。凡是陷入感情糾葛的人，往往會理智失控，剪不斷，理還亂。若能在情感方面放得下，可稱得上是理智的「放」。

(3) 名利能否放得下

據專家分析，高智商、思考型的人，患心理障礙的比率相對較高。其主要原因在於他們一般都喜歡爭強好勝，對名看得較重，有的甚至愛「名」如命，累得死去活來。倘若能對「名」放得下，就稱得上是超脫的「放」。

(4) 憂愁能否放得下

現實生活中令人憂愁的事實在太多了，就像宋朝女詞人李清照所說的：

「才下眉頭，卻上心頭。」憂愁可說是妨害健康的「常見病，多發病」。狄更斯說：「苦苦地去做根本就辦不到的事情，會帶來混亂和苦惱。」泰戈爾說：「世界上的事情最好是一笑置之，不必用眼淚去沖洗。」

在人生的道路上，如果能對憂愁放得下，那就可稱得上是幸福的「放」，因為沒有憂愁的確是一種幸福。當你把自己的快樂帶給別人時，你會覺得其實在這個地球中還是有許多快樂的事情的。學會放得下應該是最基本的生活「心眼」，過去的就讓它過去吧！

有很多事情會在我們心裡留下難以忘懷的痛苦和悔恨，甚至會因此而仇恨他人，發誓不報仇雪恨就不為人。這樣，你不僅替自己的一生造成不幸，也給別人造成苦惱，給社會造成危害。一個人的一生如果這樣度過，還有什麼意義，不管我們的理由如何，懷恨總是不值得的。潛留在我們內心裡的侮辱，永遠難以平復的創傷，都能損壞我們生活中的許多可愛的事物，我們被困在自己的苦惱之淵裡，甚至無法為別人的幸運而感到愉快。怨恨就像毒素一樣，影響、侵蝕著我們的生命。

頭痛、消化不良、失眠和嚴重的疲倦等，是懷恨的人常有的病理症狀。一所權威的醫學院曾經做過一個調查，調查報告中說與心情較為愉快的人相比，心存怨恨的人更會經常進醫院。醫務人員所做的試驗顯示，患心臟病的人常常不是工作辛勞的人，而是抱怨工作辛勞的人；最是以引起高血壓的原因，莫過於外表好像很安靜，內心裡卻被強烈的怨恨所煎熬。

怨恨甚至會造成意外事件。交通問題專家說：「發怒的時候永遠不要開車。」心裡總是惦記著丈夫不懂得體貼的婦女，比起那些心裡毫無雜念的婦女，更容易在家裡發生意外事件。

另一方面，正如同懷恨會產生破壞性一樣，愛和同情則有激發活力的作

用。正如某位健康學博士所說的那樣：「寬宏大量乃是一副良藥。」

　　與怨恨情緒作戰的第一步便是：首先你要確定怨恨情緒的來源。如果我們能坦白地檢討，那麼十次之中有九次，我們會發現，其實怨恨很多是來源於我們自己這方面的，忽略自己的缺陷與弱點，乃是人之常情；在任何可能的時候，我們總會把自己的短處變成別人的錯處，然後加以無名的怨恨。例如，在每一個離婚案件中，幾乎很明顯的，所謂無辜的一方往往並不如其所描繪的那般無辜。

　　「這是個很奇怪的現象。」心理學家說，「我們自己的過錯好像比別人的過錯要輕微得多。我想，這是由於我們完全了解有關犯下錯誤的一切情形，於是對自己多少會心存原諒，而對別人的錯誤則不可能如此。」

　　發現了怨恨的緣由之後，我們必須盡全力對付它，因此第二件要做的，也是最有效的，便是──忘記它。有理智的人並不僅僅以把宿怨淘淨為滿足，他們還經常用新的夢想和熱誠，填進他們生活中的窪地。據心理學家說，我們不能同時擁有兩種強烈的情感，既要愛又要恨，那是不可能的。怨恨大部分是以自我為中心的，所以，要想忘記怨恨，最好的方法便是幫助別人。

　　在幫助別人之後，我們會發現在這個世界上，善意總是多於惡意的。一所大學的研究結果顯示：一種真正以友誼待人的態度，65％至90％的高比率，是可以引起男男女女對對方友誼的反應的。因此，領導此項研究的博士說：「愛產生愛，恨產生恨，這句老話大致是不會錯的。」

　　生活在五彩繽紛、充滿誘惑的世界上，每一個心智正常的人，都會有很多的理想、憧憬和追求。否則，他便會胸無大志，自甘平庸，無所建樹。然而，歷史和現實生活告訴我們：必須學會人生的另一課 ── 放得下！

在我們現實生活中，也需要有一種放棄的智慧。當你與人發生矛盾或衝突時，只要不是什麼大的原則問題，你完全可以放棄爭強好勝的心理，甚至甘拜下風，這樣就可能化干戈為玉帛，避免兩敗俱傷。因為爭論的結果，十有八九是使雙方比以前更加相信自己是絕對正確的；當你在家庭生活中發生摩擦時，放棄爭執，保持緘默，就可以喚起對方的惻隱之心，使家庭保持和睦溫馨……

放得下是一種清醒。晉代陸機〈猛虎行〉有云：「渴不飲盜泉水，熱不息惡木蔭。」講的就是在誘惑面前的一種放得下，一種清醒。

以虎門銷煙聞名中外的清朝封疆大吏林則徐，便深諳放得下的道理。他以「無欲則剛」為座右銘，歷官 40 年，在權力、金錢、美色面前做到了潔身自好。他教育兩個兒子「切勿仰仗乃父的勢力」，實則也是本人處世的準則；他在《伯定分析家產書》中說：「田地家產折價三百銀有零」、「況目下均無現銀可分」，其廉潔之狀可見一斑。他終其一生，從來沒有沾染擁妓納妾之俗，在高官重臣之中恐怕也是少見的。

在我們的現實生活中，也需要有一種放得下的清醒。其實，在物欲橫流的今天，擺在每個人面前的誘惑實在太多，這就需要保持清醒的頭腦，勇於放得下。如果抓住想要的東西不放，甚至貪得無厭，就會帶來無盡的壓力、痛苦不安，甚至毀滅自己……

有一位成功的美國醫生曾經苦惱地去看心理醫生，對心理醫生述說他的煩惱：他除了必須的工作以外，便是購買各種機械，用於維護家中的草坪噴灌系統、清潔游泳池、養護馬匹和自己的汽車。但後來他發現，自己買的每一樣新東西最後反而是要讓自己投入更多的精力去照料它，結果自己被弄得疲憊不堪，以致於沒有時間享受家庭生活。他的心理醫生了解了他的煩惱所

在，建議他拋開這些東西，過一種簡單的生活，他卻很肯定地說，這些東西都是必不可少的。

人生是複雜的，有時又很簡單，甚至簡單到只有取得和放得下。應該取得的完全可以理直氣壯，不該取得的則當毅然放得下。取得往往容易心地坦然，而放得下需要巨大的勇氣。若想駕馭好生命之舟，每個人都面臨著一個永恆的課題。

從前有個書生，因一度相愛的人嫁給了別人而一病不起，家人用盡各種辦法都無濟於事，眼看他奄奄一息。這時一遊方僧人路過，得知情況，決定點化他一下。僧人走到書生床前，從懷裡摸出一面鏡子，叫書生看。書生看到茫茫大海，一名遇害的女子衣不蔽體地躺在海灘上。路過一人，看一眼，搖搖頭，走了……又路過一人，將衣服脫下，給屍體蓋上，走了……再路過一人，過去，挖個坑，小心翼翼地將屍體掩埋了。

書生不明所以。

僧人解釋道，「那具海灘上的女屍，好比是你愛的女人。你，好比是那個路口第二個路過的人，你們之間的愛只是一件衣服的恩情與緣分，而那個最後將她掩埋的人，才是她想要與之共度一生一世的人，因為在過來過往的人當中，只有他一個人給了她徹底的體恤，永久的心安。」

書生大悟，唰地一下從床上坐起來，病癒。

學會放得下，就是知道自己在摸到一張臭牌時，不要再希望這一盤是贏家。歇口氣，下回再來。可在實際生活中，像打牌時這樣明智的，卻少之又少，想想看，你手上是不是正捏著一張，捨不得丟掉？

學會放得下，就是在陷進泥塘裡的時候，知道及時爬起來，遠遠地離開那個泥塘。有人說，這個誰不會呀！不會的人多了。

　　學會放得下，就是發現上錯了公車時，能及時下車，另坐一輛。這個道理也好懂。只是人們這樣的行為，一旦不是在公車上出現，自己就不太願意下車了。比方說，如果有一樁不和諧、不幸福的婚姻；一個寫了一半就再也無法寫下去的劇本；一項不可能有結果的發明等等。

　　在生活中，我們應該學會放棄，而不要一味地索取。懂得放棄才會快樂，背著包袱走路總是很累。

5・打開心房，讓陽光進來

　　快樂是一劑良藥，它能拯救不幸於水火之中，從而給人帶來幸福和健康。斯敦生動地指出了快樂的重要性，他說，快樂的心地，乃是百代不散的筵席。快樂就是人生盛宴上的美味佳餚。我們應當感謝每一位攝影師，因為他們在按動快門的一剎那，總會不失時機提醒我們：笑一笑。哦，美妙的瞬間定格為永恆，快樂的微笑是人生最亮麗的風景。

　　傳說在天堂上的某一天，上帝和天使們召開了一個頭腦風暴會議。上帝說：「我要人類在付出一番努力之後才能找到幸福快樂，我們把人生幸福快樂的祕密藏在什麼地方比較好呢？」

　　有一位天使說：「把它藏在高山上，這樣人類肯定很難發現，一定要讓他們付出很大的努力。」

　　上帝聽了搖搖頭。

　　另一位天使說：「把它藏在大海深處，人們一定發現不了。」

　　上帝聽了還是搖搖頭。

又有一位天使說：「我看哪，還是把幸福快樂的祕密藏在人類的心中比較好，因為人們總是向外去尋找自己的幸福快樂，而從來沒有人會想到在自己身上去挖掘這幸福快樂的祕密。」

上帝對這個答案非常滿意：

從此，幸福快樂的祕密就藏在了每個人的心中。

快樂就像是一種魔法，能給任何年齡的人帶來勃勃生機和活力，能讓萎靡者發現生命的動力，讓默默耕耘者在無意中收穫，讓脆弱者變得堅強，讓強者更富有韌性，讓智者在哲理中享受。

從前，田野裡住著田鼠一家。

秋天來臨時，田鼠們開始忙著貯藏過冬的食物。只有一隻叫托雷的田鼠例外。牠不但收藏食物，還收藏其他東西。其他田鼠問：

「托雷，你怎麼收集其他不相干的東西呀？」

托雷說：「這些也是過冬必須貯藏的！」

「那麼，你還收藏了什麼東西過冬呢？」

「我收藏陽光、色彩和單詞。」

其他田鼠聽後都大笑起來，以為托雷是在開玩笑，也不理會牠，繼續幹活。托雷也不在意其他田鼠的嘲笑，繼續工作。

冬天很快就來了，天氣也開始越來越冷了。田鼠們躲在家裡很無聊。這時有隻田鼠想起了托雷，它們準備到托雷家看看。

田鼠們問：「托雷，你怎麼過冬的，你不是說你收藏了其他東西，給我們看看好嗎？」

托雷說：「那你們先閉上眼睛。」

田鼠們雖然覺得有些奇怪，但還是閉上眼睛。

托雷拿出第一件收藏物品，說：「這是我收藏的陽光。」頓時，黑暗的洞穴變得明朗起來，田鼠們都感覺到了一絲溫暖。

田鼠們又問：「還有色彩呢？」

托雷開始為牠們描述紅色的花朵，綠色的樹葉，藍色的大海，金色的稻穀，說得唯妙唯肖，田鼠們仿佛真的看到了五彩繽紛的世界。

田鼠們又問：「那麼托雷，還有什麼能給我們拿出來看的？」

於是，托雷講了許多故事給田鼠們聽，田鼠們都聽得入了迷。

聽完托雷的故事後，田鼠們都興高采烈，歡呼雀躍，牠們說：「托雷，你真是一個詩人！」

收藏陽光、色彩，收藏夏季最美麗的景象，等到嚴冬來臨之際以此溫暖我們的身心，這是多麼簡單的道理，卻又是多麼實在！對於一個人來說，精神力量和物質儲備都同樣重要。

讓心情開朗最簡單的辦法就是打開自己鬱悶的心房，讓陽光進來。凡事只需換一個角度，我們的生活就會永遠充滿陽光。

永遠相信和理解生活中美好的東西，永遠保持充沛的活力和樂觀的情緒，那麼快樂就會永遠圍繞著你。

習慣八　珍惜時間

時間是一條無始無終的河流，在時間的河流中，你必須智慧地利用你的時間，智慧地管理你的時間，每天都要有一個合理的安排，不要讓時間浪費掉。讓你的人生過得更精彩。

1・把今天留住

一位名人說過，昨天是一張過期的支票，明天是一張尚未兌現的期票，只有今天才是可以流通的現金。只有今天才是我們唯一可以利用的時間，好好珍惜今日，善加利用吧。

讀這樣一則故事，對我們也有一定的啟發：

在森林裡，陽光明媚，鳥兒歡快地歌唱著，辛勤地勞動著。其中有一隻寒號鳥，有著一身漂亮的羽毛和嘹亮的歌喉，便到處去賣弄自己的羽毛和歌聲。看到別人辛勤地勞動，反而嘲笑不已。好心的百靈鳥提醒牠說：「寒號鳥，快疊個窩吧！不然冬天來了，你怎麼過呢？」

寒號鳥輕蔑地說：「冬天還早呢，著急什麼呢！趁著現在的大好時光，快快樂樂地玩吧！」

就這樣，日復一日，冬天眨眼就來了。鳥兒們晚上都在自己暖和的窩裡安然地休息，而寒號鳥卻在夜間的寒風裡，凍得瑟瑟發抖，用美妙的歌喉悔恨過去，哀叫未來。

第二天太陽出來了，萬物甦醒了。沐浴在陽光中，寒號鳥好不愜意，完全忘記了昨天夜裡被凍的痛苦，又快樂地歌唱起來。

有鳥兒勸它：「快疊窩吧！不然晚上又要發抖了。」

寒號鳥嘲笑說：「不會享受的傢伙。」

寒冷的夜晚又來臨了，寒號鳥又重複著昨天晚上一樣的故事，就這樣重複了幾個晚上，大雪突然降臨，鳥兒們奇怪寒號鳥怎麼不發出叫聲了呢？太陽一出來，大家才發現，寒號鳥早已被凍死了。

「明日復明日，明日何其多？我生待明日，萬事成蹉跎。」今天你把事情推到明天，明天你又把事情推到後天，一而再，再而三，事情永遠沒完沒了。只有那些善待今日的人，才會在「今天」奠定成大事的基石，孕育「明天」的希望。

每個人從生到死的時間都是差不多的，但是，在相同的時間裡，有些人能夠做很多事情，效率很高，而另一些人卻只能做極少的事情，沒有成就。原因就是因為他們不懂得珍惜時間，沒有養成時間的好習慣。

時間是平凡而常見的，它從早到晚都在運行，無聲無息地，一分一秒地運行著。而時間又是寶貴的，是每個人生命中最寶貴的東西。

人們要成大事，首先要利用好自己的時間，養成合理利用時間的好習慣，因為良好的時間習慣對你的一生有無窮的回報。

時間就是金錢，只有重視時間，才能獲取人生的成功。

巴爾札克說：「時間是人的財富、全部財富，正如時間是國家的財富一樣，因為任何財富都是時間與行動之後的成果，巴爾札克是怎樣珍惜和利用時間的呢？讓我們看看巴爾札克普通一天的生活吧：

午夜，牆上的掛鐘敲了十二響，巴爾札克準時從睡夢中醒來，他點起蠟燭，洗一洗臉，開始了一天的工作。這是最寧靜的時刻，既不會有人來打擾，也不會有債主來催帳，正是他寫作的黃金時間。

準備工作開始了，他把紙、筆、墨水都放在適當的位置上，這是為了不要在寫作時有什麼事情打斷自己的思路。他又把一個小記事本放到寫字臺的左上角，上面記著章節的結構提綱。他再把為數極少的幾本書整理一下，因為大多數書籍資料都早已裝在他腦子裡了。

巴爾札克開始寫作了。房間裡只聽見振筆疾書的「沙沙」聲。他很少停

筆，有時累得手指麻木，太陽穴激烈地跳動，他也不肯休息，喝上一杯濃咖啡，振作一下精神，又繼續寫下去。

早上 8 點鐘了，巴爾札克草草吃完早飯，洗個澡，緊接著就處理日常事務。印刷所的人來取墨漬未乾的稿子，同時送來幾天前的清樣，巴爾札克趕緊修改稿樣。稿樣上的空白被填滿了密密的字跡，正面寫不下就寫到反面去，反面也擠不下了，就再加上張白紙，直到他覺得對任何一個詞都再挑不出毛病時才住手。

修改稿樣的工作一直進行到中午 12 點。整個下午的時間，他用來摘記備忘錄和寫信，在信上和朋友們探討藝術上的問題。

吃過晚飯，他要對晚飯以前的一切略作總結，更重要的是，對明天要寫的章節進行細緻縝密的推敲，這是他寫作中一個非常重要的環節，一個必不可少的步驟。晚上 8 點，他放下了一切工作，按時睡了。

這普通的一天，只是巴爾札克幾十年間寫作生活的一個縮影。從此，我們不難看出一個人要想取得成就，就必須養成珍惜時間的習慣，因為時間是走向成功的保證。

有許多人生活了多年還沒弄清時間的價值。其實，我們每個人的時間都是有限的，而且再也不會增加了。然而，我們卻可以掌握對時間的需求，並更有效地利用我們能夠自由支配的時間。

誰掌管著我們能自由支配的時間？通常來說，你的時間是根本不自由的。因為你把自己緊緊束縛在別人的議事日程上，盲目地追隨著，繁雜的事務，不管它對你是不是有益處。

為了避免這種現象，你必須管理好你的生活 —— 也就是管理好你的時間。你要向那些浪費時間的壞習慣挑戰。下面就針對 10 種浪費時間的壞習

慣，向你提出改進的建議。

(1) 如何支配贏得的時間

如果你按本書中所有的建議去做，會省下很多時間。你每天至少可以獲得一兩個小時的時間另做它用。那麼當你擁有這些額外的時間之後，你該怎麼運用呢？這是一個很重要的問題，因為如果你不珍惜時間，你的大部分時間也會在不知不覺中消失浪費掉。

因此，你要把握好自己所節省下來的時間並合理支配。最好制定一個計畫來運用這些時間，並分配一定時間用於娛樂方面，去做一些使你更接近於你個人及職業目標的活動。你只有以相當的毅力才能贏得這些寶貴的時間，所以一定要運用得當。

(2) 每天做好計畫

沒有哪一位足球教練不在賽前向隊員細緻周密地講解比賽的安排和戰術。而且事先的某些計畫也並非一成不變，隨著比賽的進行，教練會根據賽情作某些調整。重要的是，開始前一定要作好計畫。

你最好為你的每一天和每一週訂個計畫，否則你就只能被迫按照不時放在你桌上的東西去分配你的時間，也就是說，你完全由別人的行動決定你辦事的優先與輕重次序。這樣你將會發覺你犯了一個嚴重錯誤 —— 每天只是在應付問題。

為你的每一天定出一個大概的工作計畫與時間表，尤其要特別重視你當天應該完成的兩三項主要工作。其中一項應該是使你更接近你最重要目標之一的行動。在星期四或星期五，照著這個辦法為下個星期做同樣的計畫。

請記住，沒有任何東西比事前的計畫能促使你把時間更好地集中運用到

有效的活動上來。研究結果證實了一個反比定理：當你做一項工作之時，你花在制定計畫上的時間越多，做這項工作所用的時間就會越少。不要讓一天繁忙的工作把你的計畫時間表打亂。

(3) 按日程表行事

為了更好地實施你的計畫，建議你每天保持兩種工作表，而且最好在同一張紙上。這樣一目了然，也便於比較。

在紙的一邊或在你的記事本上列出某幾段特定時間要做的事情，如開會、約會等。在紙的另一邊列出你「待辦」的事項 —— 把你計劃要在一天完成的每一件事情都列出來。然後再審視一番，排定優先順序。表上最重要的事項標上特別記號。因此，你要排出一、二段特定的時間來辦理。如果時間允許，再按優先順序盡量做完其他工作。不要事無鉅細地平均支配時間，要留有足夠的時間來彈性處理突發事項，否則你會因小失大無法完成主要工作。

「待辦事項表」有一項很大的特點，那就是我們通常根據事情的緊急程度來排定。它包括需要立刻加以注意的事項，其中有些很重要，有些並不重要，但是它有一個缺點，通常不包括那些重要卻不緊急的事項，諸如你要完成但沒有人催你的長遠計畫中的事項和重要的改進專案。

因此，在列出每天「待辦事項表」時，你一定要花一些時間來審閱你的「目標表」，看看你現在所做的事情是不是有利於你要達到主要的目標，是否與其一致。

在結束每一天工作的時候，你很可能沒有做完「待辦事項表」中的事項，不要因此而心煩。如果你已經按照優先次序完成了其中幾項主要的工作，這正是時間管制所要求的。

　　不過這裡有一項忠告：如果你把一項工作（它可能並不十分重要）從一天的「待辦事項表」上移到另一天的工作表上，且不只是一兩次，這表明你可能是在拖延此事。這時你要向自己承認，你是在打馬虎眼，你就不要再拖延下去了，而應立即想出處理辦法並著手去做。

　　你最好在每天下班前幾分鐘擬定第二天的工作日程表。對於那些成功的高級經理人員來說，這個方法是他們做有效的時間管理計畫時最常用的一個。如果拖到第二天上午再列工作計畫表，那就容易做得很草率，因為那時又面臨新的一天的工作壓力。這種情況下排定的工作表上所列的常常只是緊急事務，而漏掉了重要卻不一定是最緊急的事項。

　　帕金森教授說得不錯，紛繁的工作會占滿所有的時間。

　　避免帕金森定律（Parkinson's Law）產生作用的辦法似乎很明顯：為某一工作訂出較短的時間，也就是說，不要將工作戰線拉得太長，這樣你就會很快地把它完成。這就是你為什麼要訂出每日工作計畫的目的所在。沒有這樣的計畫，你對待那些困難或者輕鬆的工作就會產生惰性，因為沒有期限或者由於期限較長，你感覺可以以後再說。如果你只從工作而不是從可用時間上去著想，就會陷入一種過度追求完美的危機之中。你會鉅細不分，且又安慰自己已經把某項次要工作做得很完美，這樣做的結果只能是主要目標落空了。

2·把時間用在最高報酬的地方

時間對我們每一個人是公平的，而為什麼有的人在同樣的時間裡卻做出成

績，而有的人整日忙忙碌碌卻沒有多大的成就？其實問題很簡單，就是看你怎麼利用時間，怎樣統籌它，成大事者無疑是統籌時間的高手。因為，他們知道怎樣合理地使用時間。

時間對我們每一個人是公平的，而為什麼有的人在同樣的時間裡卻做出成績，而有的人整日忙忙碌碌卻沒有多大的成就？其實問題很簡單，就是看你怎麼利用時間，怎樣統籌它，無疑，成功者是統籌時間的高手。因為，他們知道怎樣合理地使用時間。

如果你自覺懷才不遇，而又想大展宏圖的話，不妨檢視自己是否犯了以下這些壞習慣！

做事毫無頭緒。工作隨便，經常忽略工作物件的名字、電話號碼及工作專案等，讓人看起來做事不專心，讓自己的工作形象大打折扣。毫無頭緒地做事會讓你在工作處理上顯得缺乏整合能力，或者顯得情緒低落，缺乏興趣。

做事虎頭蛇尾。手上的事情尚未完成，就立刻把注意力轉移到其他事情上，完全忘記事情該有先後順序及輕重緩急。如此一來，很容易影響工作的進度及工作品質。

糾錯措施：每天分配兩到三個小時完成必須優先處理的工作，在處理事情之前，先制定妥善的計畫。工作專心致志，不要分心，集中注意力在上司所交待的任務上。

在現實生活中，各種事情紛至沓來，令我們應接不暇。但是請記住，不論事情有多少，永遠是要事第一。先要把當前該做的事做好，分清主次，你才會在不知不覺中養成做事的好習慣，從而獲得效率，獲得成功。

美國著名的效率專家艾維・李（Ivy Lee）在回答伯利恆鋼鐵公司總裁查爾斯・舒瓦普（Charles M. Schwab）的問題時，給了舒瓦普一張白紙，並說：「我可以在 10 分鐘之內把你公司的業績提高 50%。」

「請在這張紙上寫下你明天要做的 6 件最重要的事。」舒瓦普用了 5 分鐘寫完了。

艾維・李接著說：「現在用數字標明每件事情對於你和你的公司的重要性次序。」這又花了 5 分鐘。

艾維・李說：「好了，把這張紙放進口袋，明天早上第一件事就是把紙條拿出來，按今天你寫的順序去做。」

艾維・李最後說：「每一天都要這樣做 —— 你剛才看見了，只用 10 分鐘時間 —— 你對這種方法的價值深信不疑之後，叫你公司的人也這樣做。這個試驗你愛做多久就做多久。」

一個月之後，舒瓦普給艾維・李寄去一封信，信上說，那是他一生中最有價值的一課。

五年之後，這個當年不為人知的小鋼鐵廠一躍而成為世界上最大的獨立鋼鐵廠。人們普遍認為，艾維・李提出的方法對小鋼鐵廠的崛起功不可沒。

人們總是根據事情的急迫性而不是事情的重要程度來安排先後順序，這樣的做法是被動而非主動的，要學會以分清主要次要的辦法來統籌時間，把時間用在最高報酬的地方。

從現在開始，培養你統籌時間的做事習慣吧，只要有了這個好習慣，你做事才能有效率，從而達到事半功倍的效果。

3‧別小看餘暇的時間

> 美國著名的管理大師杜拉克說過：「不能管理時間，便什麼也不能管理。時間是世界上最短缺的資源，除非嚴加管理，否則會一事無成。」

　　一位投資專家說過：在時間和金錢這兩項資產中，時間是最寶貴的。如果你想讓時間為你增值，那麼，你賺錢的速度就要以秒來計算，要分秒必爭地捕捉瞬息萬變的商業資訊。

　　山姆‧沃爾頓（Samuel Walton）自建立起沃爾瑪零售連鎖商店後，他就採用先進的資訊技術為其高效的配送系統提供保證。公司總部有一臺超級電腦，連接 20 個發貨中心及上千家商店。通過商店付款櫃檯掃描器售出的每一件商品，都會自動記入電腦。當某一商品數量降低到一定程度時，電腦在一秒鐘內就會發出信號，向總部要求進貨。當總部電腦接到信號，在幾秒鐘內調出貨源檔案提示員工，讓他們將貨物送往距離商店最近的配送中心，再由配送中心的電腦安排發送時間和路線。這一高效率的自動化控制使公司在第一時間內能夠全面掌握銷售情況，合理安排進貨結構，及時補充庫存的不足，降低存貨成本，大大減少了資本成本和庫存費用。

　　山姆‧沃爾頓還在沃爾瑪建立了一套衛星互動式通訊系統。憑藉這套系統，沃爾頓能與所有商店的配送系統進行通訊。如果有什麼重要或緊急的事情需要與商店和配送系統交流，沃爾頓就會走進他的播送室並打開衛星傳輸設備，在最短的時間內把消息送到那裡。這一系統花掉了沃爾頓 7 億美元，是世界上最大的民用資料庫。

　　沃爾頓認為衛星系統的建立是完全值得的，他說：「它節省了時間，成為

我們的另一項重要競爭力。」

如果說，以分來計算時間的人比用時來計算時間的人，時間多 59 倍的話，那麼以秒來計算時間的人則比用分來計算時間的人又多 59 倍。沃爾頓建立的高科技通訊系統，可以說每分鐘都是錢。

時間無價，因為虛擲一寸光陰即是喪失了一寸執行工作使命的寶貴時光。因此，那些讓時間白白流走，或是花費在無為的玄思漫想中的行為是毫無價值的，而如果是以犧牲人的日常工作為代價的那麼必將遭到嚴厲的譴責。

其實，你的生活中，常常沒有你期待的空餘時間出現，而你的工作無論進行了怎樣的精心計畫和安排，還是會有間斷，不管是突如其來的電話，還是隨時被敲響的門都會打斷你手頭的工作，即使你為此抱怨，或者突然感到壓力迫近，也不能給你任何幫助。不管你有多忙，工作中還是常會有 10 ～ 20 分鐘的空檔出現。一點一滴地利用這樣的時間，你就會發現你能夠找出時間把你想做的事情做完。

哈里特・斯托夫人（Harriet Beecher Stowe）是一位家庭主婦，然而任何一點閒暇時間她都用來構思和創作。由於她超常的毅力和對待時間分秒必爭的態度，最終成為小說家，化平凡為輝煌，寫出了家喻戶曉的名著：《湯姆叔叔的小屋》。

當麥可・法拉第（Michael Faraday）是一個裝訂書本的學徒工時，就把所有的閒暇時光都用來做實驗了。有一次，他寫信給朋友說：「時間是我所最需要的東西。要是我能夠以一種便宜的價格，把那些整日無所事事的紳士們的每個小時，不，是每一天，給買過來該多好啊！」

喬治・史蒂文生（George Stephenson）把時間看得重若黃金，從不輕

易放過。他沒有接受過任何正規教育，完全是憑著個人的勤奮自學成才的，並利用累積起來的點滴時間完成了一些重要的工作。當他還是一個機械工程師時，就利用上夜班的機會自學了算術。

音樂巨匠莫札特同樣惜時如金，一分一秒在他看來都貴如金玉。他經常廢寢忘食地投身於音樂創作，有時甚至不間斷地連續工作至隔天的深夜，可謂勤奮之極。他的驚世之作《安魂曲》就是彌留之際在病榻上完成的，那時他已日薄西山，氣息奄奄了。真可謂生命不息，創作不止。

你可以利用的時間還有很多，比方你在醫院排隊等待體檢的時間，你等著開會的時間，你坐在車裡等著接孩子的時間，將這樣的時間隨便消磨過去也是不易察覺的，但是你利用這些時間完成你清單上的一件小事，或者開始制定一項計畫也是足夠的。你可以利用這些時間打電話、寫工作報告的摘要或者瀏覽一本雜誌看它是否值得你花大量的時間去讀。其實，你只要掃一眼你的清單就可以知道每一個工作的空檔可以怎樣利用，而且，你會驚奇地發現，你越是利用這些時間空檔，它們就顯得越來越多。你的工作效率會因為利用這些時間空檔而有所提高。

古今中外的許多名人都非常注重餘暇時間的價值。

南宋詞人李清照夫婦晚飯後習慣喝茶，他們覺得喝茶聊天是對時間的浪費，就發明了一種別具一格的「茶令」。茶沏好後，他們其中的一個人便開始講史書上記載的某一件史實。講完以後，另一人要說出這史實出自於一本書，這還不夠，還要說出這一史實在書中的哪一卷，哪一頁，哪一行。這就是說，知道這一史實，如果沒讀過此書，就答不出來：讀了，而不熟悉，也答不上來，答不上來或答不準確，茶是不能喝的，只能聞聞茶香。透過這樣的「茶令」，兩個人的史學知識不斷累積，豐富了創作內容，也充分享受到了

生活的樂趣。

著名美國作家傑克・倫敦的房間，有一種獨一無二的裝飾品，那就是窗簾上、衣架上、櫥櫃上、床頭上、鏡子上、牆上……到處貼滿了各色各樣的小紙條。傑克・倫敦非常偏愛這些紙條，幾乎和它們形影不離。這些小紙條上面寫滿各式各樣的文字：有美妙的詞彙，有生動的比喻，有五花八門的資料。

傑克・倫敦從來都不願讓時間白白地從他眼皮底下溜走。睡覺前，他默念著貼在床頭的小紙條；第二天早上一覺醒來，他一邊穿衣，一邊讀著牆上的小紙條：刮鬍子時，鏡子上的小紙條為他提供了方便；在散步、休息時，他可以到處找到啟動創作靈感的語彙和資料。不僅在家裡是這樣，外出的時候，傑克・倫敦也不輕易放過閒暇的一分一秒。出門時，他早已把小紙條裝在衣袋裡，隨時都可以掏出來看一看，想一想。

現代人的生活節奏越來越快，許多人都常常感到時間緊張，根本沒有時間做許多重要的事。而魯迅先生曾說過：「時間就像海綿裡的水，只要願擠，總還是有的。」

有人算過這樣一筆帳：如果每天臨睡前擠出 15 分鐘看書，假如一個中等水準的讀者讀一本一般性的書，每分鐘能讀 300 字，15 分鐘就能讀 4,500 字。一個月是 126,000 字，一年的閱讀量可以達到 1,512 萬字。而書籍的篇幅從 60,000 分鐘，一年就可以讀 20 本書，這個數目是可觀的，遠遠超過了世界上人均年閱讀量。然而這卻並不難實現。

如果你覺得自己缺乏思考問題的閒置時間，不妨我們在休閒和娛樂時，不妨也借鑑成功人士的有益的方法，合理地利用閒暇的時間，一旦形成了習慣，就很容易成功了。

4．讓你的時間有價值

也許，成功人士與平庸人士的區別之一，就在於前者會花 5 秒鐘去賺錢，
而後者會花 5 秒鐘去撿掉在地上的錢。

時間似乎是個很讓人難以琢磨的東西，在一些人的眼裡具有價值，在一些人的眼裡卻沒有價值。

要想提升時間的利用率，就得替自己的時間估個價，然後就依據自己的時間價值，考量自己從事某個工作可以獲得的報酬。來判斷做事的時間價值，看看做哪個工作更有時間價值，而後選擇去做，這樣你就會成為高效時間的利用者。

下面這位家庭主婦就是一個精打細算而缺乏時間觀念的人：

大家都知道她是一個很節儉過日子的人，她就像許多家庭主婦一樣，並不知道怎樣去計算時間的價值。例如，她經常花許多時間去不同的商店，只是因為那些商店在做大拍賣，她為的只是能夠自豪地說她去那裡買來的紙巾便宜 1 元，而不論自己開車去那些商店卻多花了 10 元的汽油費、過路費、汽車耗損費，更不論自己為了節省 1 元而多花了一個小時的時間。她並沒有把自己的時間價值考慮進去。

讓我們再看看這位白領，她是應該怎樣合理利用自己的時間的。

有一次，她到超市買東西，挑了一包奶油，有位先生建議她說「現在先別買，明天再買就可省下 1 元」，但她還是在道謝之後買了這包奶油 —— 明天再回到這家超市，那麼就得多花費至少 20 分鐘的時間，而 20 分鐘時間的價值遠遠超過 1 元。

　　她還說，如果我們每小時可以賺 200 元，而花一個小時到打折的購物中心只能省下 9 元，那我們當然要考慮時間成本，不如「浪費」9 元，從而賺取 191 元。

　　讓我們再看看世界首富是怎樣計算時間的價值的。

　　比爾‧蓋茲很有錢，聽說他掉了 100 美元都不會去撿，因為他說：「我彎腰去撿錢的 5 秒鐘，就足以讓我賺 80 萬美元了，我寧願棄卒保車，也要保全大局。」

　　也許，成功人士與平庸人士的區別之一，就在於前者會花 5 秒鐘去賺錢，而後者會花 5 秒鐘去撿掉在地上的錢。

　　話說回來，時間管理專家是怎樣計算時間價值的呢？

　　我們知道，時間管理專家眼中的時間價值，也就是單位時間所產生的價值。在單位時間內所獲得的價值總量（生產量、利潤等），可以用下面的這個公式表示：

　　價值量（v）＝時間價值（Q）× 時間（t）

　　當然，我們的工作效率會給時間（t）和時間價值（q）帶來很大的影響。工作效率化，把 8 個小時的工作在 5 小時的時間裡完成，我們就節省了 3 個小時的時間。這樣，我們的工作效率就提高了 3/5，也就是說提高了 60%。

　　當然，我們計算時間的價值，目的還在於提高工作效率。也就是說，我們每個人每天都從「時間銀行」裡取用 86,400 秒，無論我們現在是貧窮還是富有，也無論我們現在是傷心還是開心，我們都應該好好珍惜這筆巨大的財富，把它轉化為高效率的工作，並通過高效率的工作把它轉化為高品質的生活。

　　而實際上，我們的許多時間並沒有花在工作上。

例如：有人曾經粗略地統計過一個活到 73 歲的人一生的時間分配情況，結果發現他只是工作了 14 年，睡覺卻花了 21 年，另外，個人衛生花了 7 年，吃飯花了 6 年，旅行花了 6 年，排隊花了 6 年，學習花了 4 年，開會花了 3 年，打電話花了 2 年，找東西花了 1 年，其他花了 3 年。

這一情況也許與我們的將後的一生的時間利用上很類似。我們一生之中的時間花在哪裡？時間管理專家說，我們的一生大概可以從開啟 0 歲到 80 歲為一個終結，0 歲至 20 歲是求學期，60 歲至 80 歲為半退休期，剩下來只有 20 歲至 60 歲的工作的 40 年。現在，我們就可以算一算我們一般情況下在這 40 年中的時間分配大致情況：

· 睡覺——8（小時）×365（天）×40(年) = 116,800(小時)；
· 吃飯——2（小時）×365（天）×40（年）= 29,200（小時）；
· 交通——2（小時）×365（天）×40（年）= 29,200（小時）；
· 交談——1（小時）×365（天）×40（年）= 14,600（小時）；
· 閱讀——3（小時）×365（天）×40（年）= 43,800（小時）；
· 休閒——3（小時）×365（天）×40（年）= 43,800（小時）；
· 衛生——1（小時）×365（天）×40（年）= 14,600（小時）；
· 情緒——1（小時）×365（天）×40（年）= 14,600（小時）。

以上累計時間，竟然達到 32 年之久！原來，我們一生中工作的時間可能連 8 年都不到！

但是，我們千萬不要看輕這不到 8 年的時間，我們仍然可以好好管理這幾年的時間，從今天就開始更加努力，高效率地把工作做好。

時間永不回頭，不可能讓我們重新來過。沉湎於過往的時光，只能讓我們的時間更加不具價值。但是，太陽每一天都是新的！

接下來，就是時間管理專家關於讓時間更加具備價值的一些好建議。

這些好建議包括：覺得精神很好又精力旺盛，就做最重要的工作；覺得很忙，就別翻閱期刊和雜誌，並且抽出一定的時間告訴朋友自己很忙；覺得做某個工作有點厭煩，一般情況下就別強迫自己繼續做；可以透過電話、傳真或電子郵件就把事情有效率地辦好，那就利用這些工具；覺得工作有趣，但卻沒有效率或者效益，那就去除這些工作；覺得可以早一點起床，那就試著早一點起床。如此等等。

是的，成功人士幾乎都有經常替自己的工作估價的習慣，在這方面花費了一定的時間，幾乎無一例外地使他們的工作更加有效率。他們的生命也在這個過程中得到了延長。

5・節省時間＝延長了生命

> 時間無限，生命有限。在有限的生命裡懂得把時間拉長的人就擁有了更多做事情的本錢。

人的生命是有時限的。成功人士所到達並保持著的高度，並不是一蹴可及，而是他們在同伴們都睡著的時候，在夜裡辛苦地往上攀登……

諸葛亮一出祁山之初，連取三郡，屢敗曹真，關中震動。魏明帝曹睿御駕親征，率軍從都城洛陽出發到西京長安坐鎮，起用司馬懿為平西都督，命令他調集南陽諸路人馬，速到長安會合，被魏明帝革職而在宛城賦閒的司馬懿接到詔書，立即調集軍隊準備趕赴長安。忽然，金城太守申耽派人告知司

馬懿：孟達正在謀反。孟達原為劉備部將，因未發兵支援在荊州受困的關羽，害怕劉備治罪而降魏，領新城太守，鎮守新城、金城、上庸等處。魏文帝曹丕死後，孟達深感自己不受曹睿重視，加之「朝中多人嫉妒」，便打算乘諸葛亮北伐累勝之機，起新城、金城、上庸三處兵馬降蜀反魏，徑取洛陽，與諸葛亮取長安的大軍兩相配合，以圖克復中原。司馬懿得到這一緊急情報，當即決定就近征討孟達。長子司馬師建議急寫表章火速申奏皇帝，司馬懿說：「若等聖旨，往復一月之間，事無及矣。」於是自作主張，一面派參軍梁畿連夜趕往新城，傳命孟達做好與司馬懿同赴長安的準備，以穩住這個準備造反的將領，使其不做防備，一面傳令全軍向新城進發，「一日要行三日之路，如遲立斬！」梁畿先行，司馬懿隨後發兵，祕密倍道而進。孟達聽信了先期到新城的梁畿的話，以為司馬懿已去了長安，絲毫未加防範，正暗自得意「吾大事成矣」的時候，司馬懿大軍突然出現在城下，在身為內應的申耽等人的配合下，以迅雷不及掩耳之勢一舉平定了這場叛亂。

常有人抱怨老被時間追著跑，工作生活難兩全，其實，只要懂得「排」時間和「偷」時間的竅門，魚與熊掌，是可以兼得的。

時間好像是一種用之不竭的資源，昨天和今天沒什麼大的區別，今天和明天也沒有不一樣，一年四季，春夏秋冬年復一年，任我們揮霍。當我們個子長高了，慢慢又變矮了，頭髮由黑變白了，才覺年華已逝，才發現人生有如此多的遺憾。但是過去的時間卻再也找不回來了。

兩個獵人一同打獵。

天空中一群大雁飛來，二人急忙張弓搭箭，準備把牠們射落下來。

忽然，一個獵人說：「哦呀，夥伴，你看這群大雁好肥呀，打下來煮來吃，味道一定不錯。」

另一個獵人聽了，把舉著弓箭的手放下來，說：「不，還是烤來吃好，烤雁又香又酥。」

兩個人各持各的理，爭吵起來。後來請人來評判，才找到一個解決的辦法：把大雁一半煮來吃，一半烤來吃。

爭吵停止了，這才重新張弓搭箭，再去射雁。可是，那群大雁早已凌空遠翔，飛得不知去向了。

這兩個獵人，到手的大雁也沒吃成。他們犯了什麼錯誤？

是他們沒有抓住時間，是時間偷走了獵人到嘴的大雁。誰抓住了時間，誰就抓住了生命中的一切。

成功的智慧就是管好自己的時間，不管是你的學習時間、工作時間還是休閒時間，每天都要有一個合理的安排，這樣你的時間就不會白白漏掉。

凡是事業上有成就的人，都很重視時間的利用。如果你想創造成功人生，事業上有所作為，你就必須在平時訓練自己利用時間，追求時間的效用習慣。

習慣九 正確思考

智慧的力量展現在能進行正確的思考，那些成功者總是樂此不疲地勤
用自己的腦子，把思考的力量發揮得淋漓盡致。思考的習慣是決定人生勝
負成敗的關鍵，要想成功得更直接，就應該把思考的時間留出來。

1 · 思考會讓你不平凡

> 培根說：勤於思考是一種美德。一位百萬富翁說：勤於思考是財富的源泉。他們將思考變成了一種習慣。高智商的人都有很強的思考能力，成功的結果並不是碰運氣得到的，只有善於思考才能發現成功的機遇。

最早完成原子彈核裂變實驗的英國著名物理學家盧瑟福有一天晚上走進實驗室，當時已經很晚了，他看見自己的一名學生依然低頭靠在工作臺上，於是問道：「這麼晚了，你還在幹什麼呢？」

學生回答說：「我在工作。」

「那你白天幹什麼呢？」

「我也在工作。」

「那麼你早上也在工作？」

「是的，教授，早上我也工作。」

於是，盧瑟福提出了一個問題：「這樣一來，你用什麼時間思考呢？」

這個問題提得非常好！許多人整天忙忙碌碌或者無所事事，卻不替自己留下一點思考的時間，也從來不注意培養自己良好的思考習慣和思考方法，因此，無論多麼努力和勤奮都無法取得偉大的成就。

拉開歷史的帷幕就會發現，古今中外凡是有重大成就的人，在其攀登事業高峰的征途中，都會給思考留下一定時間。據說愛因斯坦狹義相對論的建立，就經過了「十年的思考」。牛頓從蘋果落地悟出了萬有引力，有人問他有什麼訣竅，他回答說：「我並沒有什麼方法，只是對於一件事情作長時間的思考罷了。」

希臘哲學家蘇格拉底是人類有史以來最早的思考者之一，在他的學生柏拉圖記錄的《對話錄》中，他深邃而明晰的思想永垂青史。身為一位著名的哲學家，他創建了自己的學院，並用數十年時間，教授年輕人如何辯證地思考和分析重要的問題，並創造了名揚後世的「蘇格拉底方法。」

善於思考是創新能力的首要條件，而善於創新又是財富的重要來源，所以我們說：「財富是想來的。」從古到今，有無數的人看到熟透的蘋果從樹上落到地上，但只有牛頓據此發現了萬有引力定律，因為只有他對這一大家熟視無睹的現象進行了認真且深刻地思考。

人不但要養成思考的好習慣，同時還要擴展思考的範圍，只有開闊思路，擴展思考，才會更好地、更大限度地獲取有益的資訊。

大衛和約翰一同外出遊玩。到了目的地後，大衛在飯店裡看書，約翰便來到熙熙攘攘的大街上閒逛，忽然他看到路邊有一個老婦人在賣一隻玩具貓。

那老婦人告訴他，這只玩具貓是她們家的祖傳寶物，因為家中兒子病重，無錢醫治，才不得已要將此貓賣掉。

大衛隨意地抱起貓，貓身很重，似乎是用黑鐵鑄造的，然而，聰明的大衛一眼便發現，那一對貓眼是用珍珠做成的。他為自己的發現狂喜不已，便問老婦人：「這隻貓賣多少錢？」

老婦人說；「因為要為兒子治病，所以 3 美元就賣。」

大衛說：「那麼我就出 1 美元買這兩隻貓眼吧。」

老婦人在心裡合計了一下，認為也比較合適，就答應了。大衛欣喜若狂地跑回飯店，笑著對正在埋頭看書的約翰說：「我只花了 1 美元竟然買下了兩顆大珍珠，真是不可思議。」

約翰發現這兩個貓眼的的確確是罕見的大珍珠，便問大衛是怎麼回事，大衛把自己買貓眼的事情講給他聽。聽了大衛的話，約翰眼睛亮了一下，急切地問：「那位老婦人現在在哪裡？」

約翰按照大衛講的地址，找到了那位賣貓的老婦人。他對者婦人說：「我要買那隻貓。」

老婦人說：「貓眼已經被別人先行買去了，如果你要買，出 2 美元就可以了。」

約翰付了錢，把貓買了回來。大衛嘲笑他道：「兄弟呀，你怎麼花 2 美元去買這個沒眼珠的貓呢？」

約翰卻坐下來把這隻貓翻來覆去地看，最後，他向服務生借了一把小刀，用小刀去刮鐵貓的一個腳，當黑漆脫落後，露出金燦燦的黃金，他高興地大叫道：「大衛你看，果不出我所料，這貓是純金的啊！」

我們可以想像，當年鑄這隻貓的主人，一定怕金身暴露，便將貓身用黑漆漆了一遍，就如同一隻鐵貓了。見此情景，大衛後悔不已。

約翰笑道：「你雖然能發現貓眼是珍珠，但你卻缺乏一種擴展思維，分析和判斷事情還不全面，你應該好好想一想，貓眼既然是珍珠做成的，那麼貓的全身會是不值錢的黑鐵所鑄嗎？」

從這個小故事之中，我們可以看到擴展思維的重要性，擴展性思考是大腦思考活動的高級層次，是智慧的昇華，是大腦智力發展的高級表現形態。如果我們在思考問題時，能夠運用這樣的思維聯想方式，那麼我們的生活和工作都將會變得更加豐富多彩。

2‧勤於動腦，成功就在自己的身邊

思考的力量是決定人生勝負成敗的關鍵，要想成大事，必須把思考的時間
留出來。

希臘戲劇家索福克勒斯（Sophocles）說：「知識必須透過行動來獲得。」
換言之，成為一個善於思考的人的唯一方法就是去思考。

拉開歷史的帷幕就會發現，古今中外凡是有重大成就的人，在其攀登科
學高峰的征途中，都是留有一定的時間思考。

據說愛因斯坦狹義相對論的建立，經過了「十年的沉思」。他說：「學習
知識要善於思考、思考、再思考，我就是靠這個學習方法成為科學家的。「偉
大思想家黑格爾在著書立說之前，曾緘默六年，不露鋒芒。在這六年中，他
是以思為主，專研哲學。哲學家認為，這平靜的六年，其實是黑格爾一生中
最重要的時刻。德國數學家高斯，在許多方面都有傑出的貢獻，有人稱他為
「數學的王子」，而他則謙虛地說：「假如別人和我一樣深刻和持續地思考數學
真理，他們會做出同樣的發現的。」

蘇聯昆蟲學家柳比歇夫（Alexander Lyubishchev）在回答一位抱怨沒
有時間考慮問題的年輕科學家時說：「……沒有時間思索的科學家（這不是短
時期，而是一年、二年、三年），那是一個毫無指望的科學家。他如果不能改
變自己的日常生活習慣，擠出足夠的時間去思考，那他最好放棄科學。」

天才不是固執者，而是懂得時機地去專心思考。

開普頓‧布朗先生一直在潛心研究橋梁的結構問題。當時要在他家附近
的特威德河上建一座大橋，開普頓一直在構思如何設計一座造價低廉的大

橋，畫出比較理想的圖紙來。在初夏的一個早上，晨露未乾，他正在自家的花園裡散步，看到一張蜘蛛網橫在路上。他突然靈感大發，一個主意湧上心頭。鐵索和鐵繩不正是可以像蜘蛛網一樣連成一座大橋嗎？結果他發明了舉世聞名的懸索橋。

當馬爾格茲·沃賽斯特在套爾當囚犯時，有一次，他觀察到水壺裡的熱氣掀起水壺蓋子這一現象，從此他的注意力就集中在蒸汽動力這個課題上。他把觀察的結果發表在《世紀發明》這本雜誌上，相當長的一個時期，他的論文被當作探討蒸汽動力的教材使用。一直到後來，塞維利、紐科門等人把蒸汽原理運用到實際生活中，製造了最初的蒸汽機。後來瓦特被叫去修理這臺已屬於格拉斯哥大學的「紐科門蒸汽機」。這一偶然的事件給瓦特帶來了一次機遇，他花一輩子時間使蒸汽機完善起來。

善於抓住一些偶然的事件，善於抓住由這些偶然事件造成的機遇，從中探索出內在的原理，引申出科學的知識，這是許多科學家、發明家的成功之道。

只要勤於動腦，成功就在自己的身邊。那些成大事者往往是把自己的注意力專注於某一特定的方向，利用思考的力量，抓住了成功的機遇。

3・思路決定財路

如果你想變富，你需要「思考」，獨立思考而不是盲從他人。富人最大的一項資產就是他們的思考方式與別人不同。如果你做別人做過的事，你最終只會擁有別人擁有的東西。

世界著名的成功學大師拿破崙·希爾曾著過《思考致富》一書。為什麼是「思考」致富，而不是「努力工作」致富？結果顯示，最努力工作的人最終絕不會富有，因為他沒有運用自己的智慧。

致富有捷徑嗎？成功學大師拿破崙·希爾的回答是肯定的。

希爾說致富的捷徑是：以積極的思考致富並且有積極的心，相信你能，你就做得到！不論你是誰，不管年齡大小，教育程度高低，都能夠招來財富，也可以走向貧窮。各行各業的人士，都不要低估思考的價值。

走捷徑的人一定知道自己的目的地。不論中途遇到何種障礙，都必須繼續下去，否則永遠到達不了目的地。希爾列出了 17 項改變你的世界的成功法則，這些法則包括：設定目標、召集智囊團、培養吸引人的個性、應用信心、多付出一點點、創造個人進取心、培養積極心態、控制熱情、加強自律、正確思考、控制注意力、激發團體合作、從逆境和挫敗中學習、培養創造力、保持健康、預算時間和金錢、動用自然習慣的力量。

希爾強調：你必須培養積極的態度，應用這些成功的法則，影響、運用、控制及協調所有已知及未知的力量。你要能夠為自己思考。所以，致富的捷徑只有簡單的一句話：「用積極的態度去追求財富。」

當你確實以積極的態度思考，自然會有所行動，達成你所有正當的目標。即使你行走在路上，或許你躺在床上，研究、思考及規劃，也能致富。

喬治在伊利諾州的退伍軍人醫院療養，他的時間很多，但是除了讀書和思考之外，能做的事情並不多。他懂得思考的價值，他對自己充滿信心。

喬治知道很多洗衣店，在燙好的襯衫領加上一張硬紙板，防止變形。他寫了幾封信向廠商洽詢，得知這種硬紙板的價格是每千張 4 美元。他的構想是，在硬紙板上加印廣告，再以每千張 1 美元的低價賣給洗衣店，賺取廣告

的利潤。

　　喬治出院後，立刻著手進行，並持續每天研究、思考、規劃的習慣。

　　廣告推出後，喬治發現客戶取回乾淨的襯衫後，衣領的紙板丟棄不用。

　　他問自己：「如何讓客戶保留這些紙板和上面的廣告？」答案閃過他的腦際。

　　他在紙卡的正面印上彩色或黑白的廣告，背面則加進一些新的東西——孩子的著色遊戲、主婦的美味食譜或全家一起玩的遊戲。有一位丈夫抱怨洗衣店的費用激增，他發現妻子竟然為了蒐集喬治的食譜，把可以再穿一天的襯衫送洗！

　　喬治並未以此自滿。他野心勃勃，要讓自己的事業更上一層樓。他把每千張 1 美元的紙板寄給美國洗衣工會，工會便推薦所有的會員採用他的紙板。因此，喬治有了另外一項重要的發現，給別人你所喜歡及美好的事物，你會覺得得到更多！

　　縝密的思考和規劃為喬治帶來可觀的財富，他認為一段獨處的時間，是招徠財富必要的投資。

　　靈感總是悄然而至。不要誤以為馬不停蹄才是效率，不要認為思考是浪費時間。一個小的靈感足以帶來巨大的財富。不要放棄你的任何一個奇妙的想法，別以為那僅僅是個想法，它可能給你帶來難以置信的巨大財富。

　　在外地工作的南陽人李某，深知基層勞工們的思鄉情結。她回鄉過年之前，特地找到不回老家過節的同鄉，把他們的生活、工作情況用照相機拍下來，同時還錄下他們對家鄉父老的祝福。李某將這些照片和錄音帶帶回家鄉送給他們的親人，每人收取一定的費用。李某扣掉路費外，還賺了 400 多元。

賺錢的靈感來自悟性，來自經驗。有了靈感遇上機會還得有膽量隨即運作。如果該出手時不出手，財運便與你「拜拜」了。

靈感思維常以「一閃念」的形式出現，使人們創造活動進入到一個品質的轉捩點，產生靈感思維不僅需要有足夠的知識儲備，而且要具有觀察、蒐集、累積資訊資料的能力，更要有一個好的激發點，上述故事中，「思鄉情結」就是很好的激發點。

一位失業的勞工，曾經擺地攤賣過菜、賣過日用小雜貨，收益都不理想，只能夠勉強維持生活。

在擺地攤的過程中，她發現賣舊書的生意不錯，特別是在一些大專學院附近，一些雖然舊卻有學習價值和閱讀價值的數學參考書、文學書籍以及言情小說之類賣得都很好。這兒的舊書攤主每天都有不菲的收入，比她賣菜和賣小雜貨強多了。於是，她就改行賣起了舊書，收益果然比以前好了一些。1994 年春天她丈夫也失業了，兩個人就分成兩個攤賣舊書，賺幾個錢維持家庭生活。

在買賣舊書的過程中，她發現舊書的價值差別很大，那些教科書和言情小說之類一本賣不了多少錢，而一些線裝書和早期的圖書以及「文革」當中的圖書報刊卻能賣很高的價錢，一本幾十幾百甚至上千元也有人要。買這些書的人有的是自己收藏，有的是轉手到北京、上海等大城市買賣。發現了這一點，她在收購舊書的時候就對這類書非常注意，買到手後仔細研究分類，自己留下一部分，其餘的累積到一定數量時，她就嘗試著坐車帶到北京的舊書市場上出售，獲利果然不菲。

這位失業勞工的歷程啟發我們：思路就是財富。每一個項目，都可以採取「先擴散、後集中」的辦法進行思考。掌握了「多方思考，集中思考」的方

法，你賺錢的路就有了千萬條，任你選擇。你可以根據自己的能力，選擇一條最能賺錢的路，也可同時選擇幾條路並駕齊驅。

有兩個青年一同開山，一個把石塊砸成石子運到路邊，賣給建商，一個直接把石塊運到碼頭，賣給城裡的花鳥商人。因為這兒的石頭總是奇形怪狀，他認為賣重量不如賣造型。三年後，賣怪石的青年成為村裡第一個蓋起瓦房的人。後來，禁止開山，山上的人用漫山遍野的鴨梨招來八方商客。他們把堆積如山的梨子成筐成筐地運往北京、上海，然後再發往韓國和日本。而就在村裡的人為鴨梨帶來的小康日子歡呼雀躍時，曾賣過怪石的人又賣掉果樹，開始種柳樹。因為他發現，來這兒的客商都不愁挑不到好梨，只愁買不到盛梨的筐。五年後，他成為第一個在城裡買房的人。

大家都知道「錢」需要付出才能獲得，要說「錢」能「想」出來，不啻天方夜譚。然而，要想在競爭激烈的市場上創業成功，就必須善於開發新思維，多想、巧想、妙想，「想」出一條新財路……

4‧思考讓你告別平庸，走向卓越

平庸的人往往不是不動手腳，而是不動腦筋，這種壞習慣制約著他們擺脫困境的思索。相反那些成功者隨身帶著勤於思考的習慣，善於發現問題解決問題，不讓問題成為人生的難題。

積極思考的習慣是成功理論中最重要的一項原則，你可將這一原則運用到你所做的任何工作上，你會告別平庸，走向卓越。

古希臘的佛里幾亞國王葛第士曾經在戰車上打了一串結。他預言：誰能打開這個結，就可以征服亞洲。一直到西元前 334 年，還沒有一個人能夠成功地將繩結打開。

這時，亞歷山大率軍入侵小亞細亞，他來到葛第士繩結之前，不加考慮，便拔劍砍斷了繩結。後來他果然一舉占領了比希臘大 50 倍的波斯帝國。

一個孩子在山裡割草，被毒蛇咬傷了腳趾，孩子疼痛難忍，而醫院在遠處的小鎮上。孩子毫不猶豫地用鐮刀割斷受傷的腳趾，然後忍著巨痛艱難地走到醫院。雖然缺少了一個腳趾，但孩子以短暫的疼痛保住了自己的生命。

一位朋友到一家餐館應徵做計時工作。

老闆問：在人群密集的餐廳裡，如果你發現手上的托盤不穩，即將掉落，該怎麼辦？許多應徵者都答非所問。

朋友答道：如果四周都是客人，我就要盡全力把托盤倒向自己。最後，朋友成功了。

亞歷山大果斷地劍砍繩結，說明他捨棄了傳統的思維方式；小孩果斷地捨棄腳趾，以短痛換取了生命；服務生果斷地把即將傾倒的托盤投向自己，才保證障顧客的利益，這些都是正確思考的傑作。

正確思考往往蘊含於取捨之間，因為不這樣做，就那樣做，這些都是由一個人的思考力決定的。不少人看似素養很高，但他們因為難以捨棄眼前的蠅頭小利，而忽視了更長遠的目標。

成就一番事業的人有時僅僅抓住了一兩次被別人忽視的機遇而獲取了成功，要做到這些，關鍵在於你是否能夠在人生道路上進行果敢的取捨。

所有計畫、目標和成就，都是思考的產物。你的思考能力，是唯一能完全控制的東西。你可以以智慧或是以愚蠢的方式運用思考，但無論如何運用

它，它都會顯現出一定的力量。不懂得正確地思考，是不會克服困難的，如果你不學習正確地思考，是絕對沒有辦法防止受挫的。

在克服自身劣勢的過程中，如果你是一位正確的思考者，你就是情緒的主人而非奴隸。你不應給予任何人控制自己思想的機會，你必須拒絕錯誤思想的傾向。

一般人開始時，會拒絕某一項不正確的觀念，但後來因為受到家人、朋友或同事的影響而改變初衷，進而接受這一觀念。

一般人往往會接受那些一再出現在腦海中的觀念（無論它是好的或是壞的，是正確的或是錯誤的）。身為一位正確的思考者，你可以充分利用這一人性特質，使你今天所思考的到了明天仍然反覆出現，並進而接受一再出現的思想，這正是明確目標和積極心態的力量本質。

人性有另一項共同的缺點，就是不相信他們不了解的事物。

當萊特兄弟宣布他們發明了一種會飛的機器，並且邀請記者親自來看時，卻沒有人接受他們的邀請。

當馬可尼（Guglielmo Marconi）宣布他發明了一種不需要電線就可傳遞資訊的方法時，他的親戚卻把他送到精神病院去檢查，他們還以為馬可尼失去了理智。

在未調查清楚之前，就採取鄙視的態度只會限制你的機會、信心、熱忱以及創造力。不要認為未經證實的事情和新的事物都是錯誤的。

正確思考的目的，在於說明你了解新觀念或不尋常的事情，而不是阻止你去調查它們。

請學會思想，思想是一個人唯一能完全控制的東西。因為思想會受到周圍環境的影響，所以你必須藉著有利的心理習慣，來控制這些影響因素，這

種過程叫做「習慣控制」。

控制習慣的過程是不可思議的，它將你的思考力量轉變成行動，但如果你沒有這種習慣，或所學到的是不良習慣的話，那麼它可能會給你帶來失敗。

你必須學會控制習慣。把你的思想當成一張底片，底片會記錄任何反映在它上面的事物。底片不會挑選應記錄的物件，也無法控制焦距和曝光時間，而你身為一位攝影師，有機會挑選所要記錄的物件，決定影像焦距、光圈和快門。最後照片的品質，就取決於控制這些因素的技巧。

對於你心裡那一張底片而言，構圖的主題就是你的明確目標。你按照自己的選擇挑選畫面，以你強烈的雄心闡明挑選好的畫面，並自行決定讓你的思想做多久的曝光。

攝影師對重要的鏡頭不會只拍一次，他們多半都照好多次，每一次都稍微調整一下必須掌握的各項因素，以期照出最完美的畫面。

同樣，你不應讓自己的思想只曝光一次，而是每天都讓自己的思想對準心裡那張明確目標的畫面進行曝光。

久而久之，對明確目標的一再「曝光」會變成一種習慣，一種經過控制的習慣，一種改變自我的習慣，因為你是有意識地決定自己行為的性質。強烈雄心的一再呈現，也會將明確目標的畫面印在潛意識上，而你的潛意識將會不知不覺地由想像力，激發出自己想達到目標的構想和計畫。

但是這些構想不是那麼簡單就會出現的，你的潛意識不會自動地把一輛車放在你的車道上，也不會為你辦理存款手續。構想只有付之於行動才可以實現，也就要求你必須每天都保持進取心，必須培養出處於控制之下的行動習慣。用信心的大欲望發動你的思考力；用信心的大欲望控制你的行動習慣

173

力。記住這條成大事的基本法則：思考力＋執行力＝成功！

5‧利用你的逆向思考

成功的契機，往往在於思考的悖逆。

北宋政治家司馬光小時候機智過人。有一天他和幾位小朋友在花園裡玩，一個小朋友不小心掉進了一個大水缸，小朋友們一時都慌亂了起來，有的大喊：「來人啊，救命啊！」有的拚命想把落水的小夥伴拉出來；司馬光急中生智，拿起一塊石頭，將水缸砸破，水流走了，那位小朋友也得救了。

我們不難看出，孩子掉進水缸後，大多數孩子是按常規思維來救人的，即讓人離開水；而司馬光取的逆向思考，即讓水離開了人。

也正是憑著「逆向思考」，司馬光才得以化險為夷，其事蹟也成為千古流傳的教育精品。

顯然，逆向思考明顯的特點就是不按常規做事，不循規蹈矩，顯示與眾不同的獨特性，善於從不同角度去思考問題，思考在一個方向受阻時，馬上改換新的方向，借助於他們思考的結果分析統籌，巧妙組合，從而找出新的突破。而那個「新的方向」 往往正是常規思考的「死角」。因為常規思考往往表現出一種定勢，墨守成規，按常規辦事，往往只有一個思考角度，一個常規方向。

這顯然是兩種旗幟鮮明的對立，然而，逆向思考往往只有當它訴諸於語言文字時，才會受到人們的關注，而且通常是，離開語言文字回到真實的生

活中時，便又很快把它給忘了。現實生活就像一臺龐大的消化機器，逆向思考一放進去，就容易被消失得一乾二淨。對於逆向思考，常規思考似乎有著極強的同化作用，不知不覺中便已完成。

常規思考有著那麼強大的力量，作為一種「定勢」、一種「常規」，其本身就證實了它的歷史悠久，根深蒂固。它決非只是個體的問題，而往往與整個民族，與整個社會的文化傳統息息相關。那些常規定勢，往往正是世代傳統的沉澱，而這也正是其具有強大力量的根源，正因為這強大的社會歷史後盾，使得它的地位堅固得難以輕易動搖。

而我們仔細探尋那些世代相傳的紐帶時，便發覺教育是其中最重要的傳送工具。所以，我們這些經過教育與社會磨練的大人才會不時驚訝於孩子的睿智，並由此便以為自己又發現了一個天才，而事實上，又有多少孩子成人後能繼續以其神奇的智慧而著稱於世？可笑的是，司馬光這一被公認為思維奇特的孩子，長大後，就成為歷史上有名的保守派，極力反對王安石的變法，其反差之大，著實讓人驚奇。而曹操的小兒子曹沖，小時候雖令人稱奇地將那頭大笨象的體重給秤了出來，然而長大後，卻也無所作為。

所謂的超常、逆向思考，在孩子步向成熟時，卻反而神不知鬼不覺地萎縮了。這不能不說是一個「悲劇」。不要為我們的社會辯護，我們並沒有譴責社會什麼。作為一個社會，它無法不擁有一系列的秩序規範，而這，便是「常規」，的社會基礎，便是所謂的「框框」。而我們的「逆向思考」便是要在這嚴密的框框中尋找立足之地。無疑，這是一件難度極高的工作，若不是刻意追求，我們難脫「常規」之手掌心。所以，具有「逆向思考」的人往往就會在社會中有所成就、有所名聲。但這種人在社會中卻又寥寥無幾，因而其軼事便易於為人們所傳說，倫琴發現倫琴射線後，收到一封信，寫信者說他胸

中殘留著一顆子彈，須用射線治療。他要求倫琴寄一些倫琴射線和一份怎樣使用倫琴射線的說明書給他。

我們注意到：倫琴射線是無法寄的，這不僅是無知，而且帶戲謔成分，求人幫忙，卻不莊重，居然開玩笑。換作常人，實在應該好好教訓他一頓，闡述一下道理原理。但倫琴卻回信道：請你把你的胸腔寄來吧。」以謬還謬，顯然比怒斥一通效果好得多。他不為不敬重的來信而感情用事，這是一種受辱不驚的超常感情，而正是這種感情，才使他做出了不同一般的應對辦法。

一反常規的反擊往往讓對方感到驚奇而無言以對，再來看一個著名的例子：

蘇格蘭詩人彭斯，一次湊巧見到一個富翁被一位窮人從水中奮力救起。而那個富翁卻連句感謝的話都沒有說，留下一枚銅錢後便揚長而去。圍觀的人都非常氣憤，要求將那可惡的富翁重新扔到河裡去。而彭斯卻上前說：「放了他吧，他自己也了解他生命的價值。」圍觀的人們聽了都為之哄堂大笑。

不動聲色，大大地諷刺了那位愛財如命的吝嗇鬼，儘管這其中似乎有阿Q式的自我勝利法，卻仍然無法掩蓋住那睿智之光。

有一次，國王問阿凡提：「要是你面前一邊是金子，一邊是正義，你選擇哪一樣？」阿凡提居然出乎意外地回答：「我願意選擇金錢。」國王大為驚奇：「金錢有什麼用？正義可是不大容易得到的呀！」阿凡提接著說：「誰缺什麼就想得什麼，我缺的是錢，所以我要錢；你缺的是正義，所以你要正義。」

那種出其不意的思考，讓本想愚弄阿凡提的國王一時不知如何應對，其地位已經逐漸地由「主」向「客」靠攏，及至阿凡提故作姿態地做出解釋時，我們就不禁「可憐」起那位被反主為客的君王了。

逆向思考就像天空絢爛的彩虹，無論它在什麼時候、什麼地方出現在天

空，升起的都有是人們發自內心的讚嘆與嚮往。

　　而當今，逆向思考早已成為社會各式各界推崇的對象，尤其是在當今最熱門的工商業界，更是倍受關注。經濟學家和管理者口中的所謂利潤來自於創新，實際上便是對逆向思考的一種訴求，創新要求人們把握住別人所忽略的機會，它不同於發明。通俗一點，它只是對一些現存的東西加以利用，而這些現存東西的價值通常是無法為常規思考所察覺的。所以，人們對企業家的最首要的要求，便是能創新。因為，創新便是利潤，而對企業家本身而言，創新便是成功。

　　逆向思考有著其獨特而巨大的價值。是打破常規有所創新的保證，啟發自己的逆向思考，無疑是一個邁向成功的極好法寶。

習慣十　放鬆自己

　　處在競爭激烈時代的我們，面臨的心理壓力問題對我們自身的威脅，將遠遠大於生理疾病的威脅。善於調適生活的人，如同善於增減衣服以適應氣候變化一樣，能獲得舒適的生存；而不善調適者，卻長久走不出煩惱的惡性循環。要改變這種狀態，就要養成放鬆自己的習慣。

1 · 學會放鬆 —— 讓心靈喘口氣

記住：當你感覺自己有些不習慣、有些緊張或者有壓力，甚至是恐懼的時候，要知道，你需要心靈放鬆了。

現代社會中，人們工作和生活的節奏不斷加快，競爭也日漸激烈，如果人們不注意調整自己的心態，就很容易產生身心疲勞感，即人們常說的「活得累」。要改變這種狀態就要學會放鬆自己。

心理學家認為，疲倦是人體對外界壓力的自然反應，是健康狀態已處在警戒線的信號，身體已經用紅燈在警告我們了。

例如，情緒緊張焦慮可導致出汗、心悸、呼吸急促等現象；情感打擊會使人感到沮喪，勞心的工作會使人感到精疲力竭。這些不良情緒還會引起內分泌失調、中樞神經系統功能紊亂、能量過度耗損，以致使人無法正常地工作和生活。

既然壓力對我們產生如此大的危害，讓我們了解一下壓力產生的原因：

選擇職業困難帶來壓力。就業市場的供過於求造成就業機率相對較低帶來的壓力。壓力來自於趕時尚、追潮流、愛虛榮。如出國潮、金融潮、裝修潮等林林總總的時尚潮流誘惑著青年人，然而條件所限，並非所有人皆能如願，於是，便產生了壓力。

知識更新快帶來的壓力。科學技術的日新月異、知識更新的速度越來越快，要求人的知識結構也要不斷地更新。這給人們帶來了緊迫感而產生了壓力。

競爭帶來壓力。現代社會是市場經濟，到處充滿著競爭。職位競爭，從

而帶動知識競爭、能力競爭、業績競爭,這些競爭無形中帶來很大的壓力。

急於求成造成壓力。如果對一個問題思考了一整天,卻還是想不出個結果,則很容易產生緊張、憂慮的情緒。

壓力來自於心理。有很多時候,我們的工作量沒有那麼多,我們的煩心事也不算什麼,但我們就是覺得壓力很大,這種壓力來自於心理。如果我們心理上能輕鬆承受,它就不會給你帶來壓力。

壓力來自於自卑。如果我們缺乏自信,對原本能夠完成的工作也不敢去努力,就會產生壓力。我們首先要建立信心,從心理上肯定自己能夠完成這份工作,做起事來,就會感覺輕鬆多了。

壓力來自於優柔寡斷。如果你平時總愛思前想後,患得患失,對工作、生活、家庭想得太多,顧慮太多,無疑是在替自己施加壓力。

壓力來自於情感婚姻。感情生活、婚姻生活不佳帶來的壓力,包括離異、喪偶、夫妻感情不和等都會造成壓力。

壓力來自於追求盡善盡美。一般來說,中年人都會認為自己從事的事業應開花結果了,然而並非所有人都能在事業上春風得意,這種理想與現實的差距便形成了壓力。

處在競爭激烈的時代,人們面臨的心理壓力問題對自身的威脅,將遠遠大於生理疾病的威脅。善於調適心理的人,如同善於增減衣服以適應氣候變化一樣,能獲得舒適的生存;而不善調適者,卻長久走不出煩惱的怪圈,極容易接受消極與虛妄的心理暗示。

要改變這種狀態,就要養成放鬆自己的習慣,要試著從以下幾個方面做起。

（1）消除內心顧慮

　　科學家認為，人需要熱情、緊張和壓力。如果沒有既甜蜜又痛苦的冒險滋味的滋養，人的個體根本無法存在。適度的壓力可以激發人的免疫力，從而延長人的壽命。在生活節奏越來越快的今天，幾乎所有人都感受到了壓力，為了放鬆緊張的情緒，往往選擇一些過激的方式來緩解觀望遠處成群的牛羊，使心靈小憩。壓力，然而，這樣做往往不能達到輕鬆的目的。

（2）培養幽默感

　　當你嘲笑壓力時，壓力也害羞，不妨對自己的缺點、不足與失誤友好地諷刺、幽默一番，如此便可減輕心理壓力。

（3）強化壓力抵抗力

①　分析造成壓力的原因，反覆思量自己究竟在煩惱什麼，然後想想怎樣做才能防止壓力的產生。

②　如果找不到預防壓力的好辦法，試著改變自己的心態。

③　試著告訴自己，那些目前困擾自己的情況並不嚴重。

④　發現壓力的當天就要盡力消滅它。

⑤　對可能產生的壓力做好心理準備。

⑥　不要指望以休假來埋葬壓力。

⑦　自信，對人生持樂觀態度。

（4）選擇自己喜歡做的事

　　如果條件允許，你要盡可能為自己選擇一種自己喜歡的職業，這樣便於你實現理想。在從事這種職業生涯時，你不是身為奴隸出現，而是在獨立地

進行創造。最合乎這些要求的職業，不一定是最高尚的職業，但卻是最可取的職業。

(5) 順應時代的變化

一定要打破陳規，拋棄那種「以前是這麼做的」、「這麼做可以」、「不，辦不到」、「所以不可能」的思維定式。應把目標轉向「試著想想別的辦法」的方向。不要企求一步登天，向極困難的問題提出挑戰，而應從身邊的、手頭的問題開始。

社會在變、整個世界都時刻變化著，如果你在工作中仍是一成不變，那就勢必會落後於時代，現在的時代是個瞬息萬變的時代，人們的生活方式和需求都在發生變化，所以每個人的工作也應該求新、求變、求突破。

(6) 放鬆精神

閉上眼睛，訓練思維「遊逛」，假想在藍天白雲之下，坐在草地上。

(7) 分解法

把生活中的壓力羅列出來，列一張表，各個擊破後，你會發現這些壓力原本是如此簡單地就能消除。

(8) 想哭就哭

心理學家認為：哭能緩解壓力，透過哭可以釋放內心深處的壓抑情感，獲得一份輕鬆。

(9) 參加體能運動

運動是減少憂慮的最有效的辦法。有些地方出現了一種新興行業「運動消氣中心」。該中心教人如何發洩怨氣減輕壓力，如大喊大叫，砸「玻璃」，

打枕頭等。

(10) 吃零食

　　咀嚼吞咽運動，可以轉移緊張情緒，咀嚼過程中，大腦產生另外一種興奮，可以抑制壓力，放鬆心情。

(11) 找人傾訴

　　一個人如果心情鬱悶時，最好找親人、朋友聊聊天，可以有效地減輕壓力。

(12) 養寵物

　　一項試驗顯示，當人精神緊張時，與可愛的寵物玩耍一會兒，會無意識地進入「榮辱皆忘」的境界。一家公司的老闆，為了消除雇員的工作壓力，每週都將自家養的憨態可掬的牧羊犬帶來，讓雇員逗弄一會兒，以緩解壓力。

(13) 阿 Q 精神

　　風雨總會過去，太陽終會出來，明天會更好，用阿 Q 的「精神勝利法」也可以為自己帶來一份好心情。

　　總之，好心情是自己創造的，奔波之餘，別忘了替自己留點時間，找些空閒時間，放鬆自己。

2・休息一下，讓疲勞走開

> 大多數的成功人士，都會合理地運用他們的時間來達到目標，而不是只從
> 工作當中找到樂趣。他們不會讓工作干擾到生活中非常重要的事情，諸如
> 朋友聚會、家人團聚、打球、釣魚、休息等等。

我們可以誠實地問問自己：什麼東西是你一生要的目標？你現在所做的事情是不是真的能夠使你向你的目標前進？我們誠實地問問自己：健康在你的生活次序表中是居於什麼位置？熬夜加班是不是對你的健康有不利的影響？損害健康是不是你可以接受的代價？問問我們自己：你的家庭在你的生活次序表中居於什麼位置？你關心照顧你的孩子和配偶是不是足夠？你是不是欺騙了自己，你所作的犧牲真的是為了他們？

然後，計劃在下週二約你的妻子或丈夫一同去餐廳吃午餐，看電影；下週四帶你的孩子去動物園，因為你欠了他們的，也欠了你自己的。

除非有緊急情況，否則不要讓你的工作延長到週末。萬能的上帝在工作了六天之後還需要休息一天，那麼你以為你是誰？長時間地工作而沒有休息，這並不是在有效地運用時間。當一個人工作得太久，精力就會逐漸地耗竭，厭煩的情緒就會逐漸侵入，而我們的身體所感受到的壓力和緊張就會逐漸增加。我們的身體、我們的大腦都極渴望得到休息，我們不可能既要身體好，又要一週七天，一天 24 小時不斷地工作。這時如果我們不改變一下我們的工作步調，就很可能造成我們情緒的不穩定、慢性心智衰弱症、頭痛、憂慮、煩躁、失眠、健忘，以及對一切事物都感到冷漠等等的毛病。

調節也是休息，我們轉換去做不同的工作也可以像休息一樣達到消除緊

張的效果。從腦力勞動轉換去做幾分鐘體力勞動，活動活動身體，也可以達到調節的效果。繞著辦公室或在街上走一兩圈，也能迅速地恢復精力。從坐姿改為立姿，也可以破除缺少變化，激發出體力。聽音樂是一種最普遍的放鬆形式。

每個人對於音樂都有他自己獨特的理解。所以，重要的一點是在你想要聽音樂時要選擇那種能夠使你感到安靜、撫慰的音樂，以達到放鬆的目的。如果可能的話，錄製一段連貫的半小時音樂，你可以在放鬆自己時進行播放。記住一段在過去歲月中曾經使你放鬆的音樂，現在再重新播放同樣的音樂能夠帶給你一些積極因素，從而很可能對你的將來產生有益的影響。

為了使得自己充分地進入音樂的意境，選擇半小時一人獨處不受打擾的時間。播放你已經選擇好的音樂，躺在一張舒服的躺椅上，閉上眼睛。檢查一遍你的身體，沒有緊張部位，也沒有疼痛部位，然後放鬆。在你全神貫注地聽音樂時，要感知自己情緒上的狀態。每次當有不相干的想法或念頭進入你的腦海，意識到這一點立即將它放棄，記住你的目的是聽音樂和放鬆，對自己說肯定句比如「放鬆」或者「音樂使得我放鬆」。當音樂結束時，讓你的內心重新檢查一遍身體並且對每個部位的感覺進行感知。在聽音樂的前後你的身體感覺有無差別？你的情緒上有無差別？

不過，完全的休息放鬆是調節的最好辦法。我們不應該錯誤地認為復原的休息是不當地運用時間。實際上，當我們感覺到疲勞的時候，休息便成為最美好的休閒享受，是我們美好生活的開始。我們適當地調節一下，不但可以提升我們的辦事效率，而且也可以減緩緊張的心理壓力，對我們的身心健康大有益處。

人在一天當中有 8 個小時的睡眠，其他 16 個小時不睡覺。而動物和我

們人類不同，大多數的動物都有足夠的知覺，它們無論是在白天還是在夜裡，覺得需要的時候就小睡一下。身為有靈性的人而不是機器，我們人類必須保持睡眠與休息，因為只有在身體和大腦得到充分的休息之後，我們才能更好地工作。

睡眠是一種全面的休息。因為人在睡眠時，體內的各種生理活動都會處於放鬆的狀態，能量消耗相對減少，對活動時在體內累積的代謝產物，如乳酸、二氧化碳等廢物，現在在睡眠中可以將之分解、排出體外，同時，人在睡眠中可以得到充分的能量來補充和修復人體在活動或患病時所造成的損失，起到體內代謝產物（如毒素）的刺激，恢復和重新調整新陳代謝，積蓄能量，消除疲勞，調整身體各個器官的生理功能。所以，我們每天應該保證充足的睡眠時間。睡眠時間按年齡大小因人而異。一般 20 歲以上的成年人睡眠為 8 個小時左右；60 ～ 70 歲最好睡 8 個小時；80 ～ 90 歲應該睡 9 個小時；90 歲以上必須睡 12 小時。睡眠時間的安排可以一口氣從早睡到晚，也可以在午間睡上一個小時，外加幾小時的正常夜間睡眠。

另外，每週至少要有一天休息式的活動。我們在勞累了一週之後，每個人都需要暫時避開種種有償或無償的勞動，必須保證我們的睡眠和休息。因為像機器一樣地日夜奔忙，絕不是我們人類所嚮往的美好生活。

物理學家愛因斯坦非常注意休息，他把每天的小睡列為他一天活動中的一個必要部分，發明家愛迪生和英國首相邱吉爾也是一樣。美國總統杜魯門、艾森豪和甘迺迪，都發現適當地小睡一下能夠幫助他們應對工作上的壓力。因為儘管小睡的時間並不長，但效果卻出奇得好。你會發現，小睡之後，你覺得神清氣爽，精神充足。而且在能量充足之後，你的工作和休閒的效率及品質，也必然提高許多。

　　不管你選擇哪一種睡眠方式，你投資在睡眠上的，將會得到很大的回報，而不會再覺得睡上這樣一個懶覺是一件罪惡的事了。

3 · 旅遊可以放鬆你緊繃的神經

> 旅遊可以放鬆你緊繃的神經，減少你的壓力，改善你的情緒，可以充分地讓自己傾聽心靈的聲音。我們不可能像富人那樣坐著飛機去國外旅遊，但如果有時間的話，離開熟悉的城市，熟悉的生活圈子，把煩心的事丟在一邊，去陌生的地方看看新奇的東西應該是可行的。

　　對於忙碌的都市人來說，旅遊是舒緩壓力、放鬆心情、解放個性，感悟人生和世界的最好的方式，是學習和工作後的消遣和休息，是一項觀賞風光、陶冶情操、強身健體、增長見識、涉獵廣泛的有益的文化活動。當你帶著不同的心境邁入一個全新的環境，你所看到的是全新的風景和全新的面孔，你會感到新奇，感到興奮，甚至會有豁然開朗的感覺。隨著老百姓生活水準的不斷提升，越來越多的人意識到了旅遊的好處，越來越多的人把旅遊變成了不可或缺的一項活動。

　　其實，出門旅遊，並不像許多人想像的那麼難。事實上，你不需要花很多的錢，也不需要帶很多的東西，你可以嘗試自助旅遊不跟旅行社，不跟團隊。你自己或者邀請幾個知心好友，背上行囊上路。你只需要遠離世俗的嘈雜生活，到一些旅遊景點或是完全陌生的地方，讓你自己置身於天然的美景之中，呼吸著清新的空氣，聞聞身邊的花香，看看藍天白雲，晒晒太陽，讓自由的心境任意翱翔。晚上再好好地睡上一覺。徹底放鬆以後，你自然而然

就忘記了雜亂無章的生活給你帶來的煩惱。

在一種文化裡生活得太久，人就會變得麻木，就會失去擴展生活內容的可能。而進行一次旅遊，能讓我們感受到新文化的薰陶。身背行囊，腳蹬旅行鞋，意氣風發地旅遊去。整日為生活所累的你，再忙也別忘了讓自己的心情放個假，再忙也別忘了抽個時間去旅遊。

4．工作之餘學會放鬆自己

> 一個人如果一直工作，得不到某種報酬，他就會慢慢地對工作失去興趣。相反地，如果工作結束後，能夠享受工作的報酬，就會促進工作的積極性。

有一位事業有成的中年人曾說：「人都有情緒低落的時候，關鍵是要善於排解，別在心理上留下陰影。」他的排解方式是到酒吧坐坐，小飲幾杯。

有一次，碰到件倒楣事：他的公司為客戶做的電腦出了問題，而發貨期迫在眉睫。做了這麼多年加工，從未出現過這麼大的紕漏。為了趕上合約期限，大家只得晝夜不停地工作，一連三天，終於重新修理完成。工作暫時沒那麼忙了，雷一航的心一時還放鬆不了，於是，下班後他把車放在公司，搭計程車去了那家熟悉的酒吧。「年輕人都愛去有樂隊演奏的酒吧，圖的是熱鬧，我是為放鬆一下神經，專找安安靜靜的所在。」每次去酒吧，頗有酒量的雷一航都要點上一瓶紅酒加冰塊，別的酒喝上幾杯會燥，紅酒的感覺是不溫不火。紅酒加冰塊，一杯杯細細品嘗，耳邊是薩克斯風演奏的音樂，輕柔、舒緩，帶著點憂傷。一瓶紅酒喝完，時間已過半夜，帶著點微醉的感

覺，搭車回家，此時他的心情很平靜。

　　還有一位中年婦女，用她自己的話說，情緒易大起大落，早上還高興，到了晚上，稍有不如意就會很沮喪。為了對付經常不期而至的壞心情，她替自己開的「藥方」是購物。

　　月收入不算高的她，平時很少購物，把想買的東西都列在單子上，大到衣物、小到面紙。幾經考慮後一個月也總有十幾樣日常用品要買。她把買這些物品的最佳時間和地點附在其後，以保證自己得到最多實惠。這張單子她隨身攜帶，一旦情緒低沉，她就直奔商店或超市，將要買的東西大包、小包地買回家。「大多數女人排解煩惱的首選方式都是購物，購物能讓女人有種滿足感，在購物中，煩惱也不知不覺地沒有了。」

　　據她自己說，以前她情緒不好時會不顧一切衝進商店，有用的、沒用的買一大堆，回家就後悔，那麼多「雞肋」，該往何處去。現在她自己做的購物單幫她把「瘋狂」購物轉為「半瘋狂」購物，既滿足了自己的情緒需求，又不至於太浪費錢。而且，她還準備開發一種新的方式來替代購物發洩法，因為經常買零食吃，她已穿不上去年做的衣服了。

　　人類替自己創造出一個世界，原本是要讓自己幸福和快樂，而結果是被這個創造的世界所挾持，以致忘掉人生本來的目的。這該是人類的悲哀。但人類終究是自然的，一顆來自自然的心總有逃離世界、回歸本真的欲望，這不是精神的脆弱，也不是無聊的追求，而是人在本質上真正的需求。所以，給一點時間照拂自己的心靈，應該是我們對自己的慈悲。

　　人真正屬於自己的，其實只有自己的心靈，我們不關照它，還會有誰來關照呢？對自己的心，慈悲一點吧！

　　下列四種技巧是從經驗中所體會出來的，工作壓力一旦使人情緒激動無

法平靜時，試運用這四種技巧，定能獲得極佳的效果。很多人使用過這些處方，而他們照做之後效果均非常好。

第一，放鬆全身，將背部挺直，靠背靜坐。首先讓你的身體完全靠在椅子上，用心放鬆全身的筋骨，從頭到腳趾都處於無力的狀態，而後念道「我的腳趾、手指、臉部肌肉都已放鬆了」，以確認自己真的輕鬆舒坦。

第二，心中想像自己的靈魂是平靜的水面。安靜地想像靈魂是無波無浪的水面，假如心中翻攪如狂風巨浪，又怎能得到平和呢？

第三，回想曾經欣賞過的優美風景。例如籠罩於朝霞中的山嶽、晨光裡的峻谷，夕陽下的森林，或是河上月光之類的影像，讓它們恣意迴旋於胸中。

第四，以緩慢而感性的口吻說些詳和的話語。例如，「很安靜呀」、「怡人」、「平緩」等，一再重複。

將這四項技巧融入你的生活中，不斷堅持，那麼你的火氣與焦慮將會隨之消失，一股新生命的活力也會如泉水一般流進心中，帶來無窮的鬥志與向上的勇氣，使你更加喜愛生命。

5・心理煩惱需要自我調節

人們越來越覺得自己活得太累，整天都面臨來自事業與家庭的壓力，他們焦頭爛額，手足無措。壓力、焦慮、緊張、煩惱、恐懼，在今天高速發展科技進步的工作場所中它們無處不在。

有些快樂與煩惱非常易受外界環境左右，受此影響的人常常表現喜怒無常，搞得別人束手無策。別人只好對他避而遠之，結果使他的心情很壓抑、沉重，更加苦惱、煩躁。

其實，這樣的苦惱仍需自己解決。問題的癥結就在於認知評價系統如何對外界刺激應答和選擇。

讓我們來讀這樣一個故事：

有位學者向南隱問禪學，南隱以茶相待，他將茶水倒入杯中，茶滿了，但他還是繼續倒，學者說：

「師傅，茶已滿出來了，不要再倒了。」師傅說：「您就像這茶杯一樣，裡面裝滿了您自己的看法和觀點。您若是不首先把您自己的杯子倒空，叫我如何對您說禪，只有心虛才能容道。」

可見，你如果心中有自己的成見，認為人們不可能征服煩惱，那麼，就聽不見別人的箴言了。人，一旦降臨這個世界，便陷入動盪不定的境遇之中，悲哀、憤怒、憂慮、愧疚和煩惱可能會不間斷地困擾著每個人，給人們的精神套上沉重的枷鎖。面對現實的挑戰，你能抵禦消極情緒的襲擊嗎？你能征服煩惱嗎？你能夠主宰自己嗎？回答是肯定的。只要你相信：問題的癥結就在於你的認知評價系統。

人們往往錯誤地認為，生活的快樂與否，完全取決於外界刺激的大小。刺激大，煩惱大；刺激小，煩惱小。聽起來似乎很有道理。其實這中間忽視了一個關鍵問題，就是你自己頭腦的反應。例如，面對火車誤點這一不良刺激，有的人大發雷霆，急得團團轉，焦躁上火；有的人到服務中心買點東西吃，坦然等待；有的人坐在候車室寫信給朋友，充分利用時間。很明顯，這三種不同的反應，絕不是由外界刺激的大小決定的，而是由他們對同一刺激

的不同態度決定的。火車誤點絕不會因為你大發雷霆而改變。可見,僅僅是環境並不能使我們快樂或不快樂,而是我們對外界環境刺激反應的選擇。也就是說,事件本身沒有壓力,它們是否使我們感到緊張、有壓力,在於我們以什麼樣的思考方式和方法看待它們。玩玩雲霄飛車,對一些人來說,是痛苦,對另一些人來說,卻是令人快樂的刺激。如果你選擇悲傷的事,渾身會充滿淒涼的感覺;如果你選擇恐懼的事,你會感到毛骨悚然,渾身冒冷汗;如果你選擇生病的事情來思考,自然會愁容滿面;如果你選擇令人喜悅的事情來思考,定是眉飛色舞;如果你毫無信心,失敗會接踵而來……總之,我們必須運用自己自由選擇的權利。身為自己生活的「總統」,你每天、每個小時都可做出自由的選擇。我們每個人都能抵擋得住災難和煩惱。

面對煩惱,如果不進行及時調節,就會對人造成身體傷害。運用下面方法也可以自我調節心理煩惱,走向健康生活。

其一就是運用豁達法。這是指一個人應有寬闊的心胸,豁達大度,遇事不斤斤計較。平時做到性格開朗、合群、坦誠、少私心、知足常樂、笑口常開,這樣就很少有愁悶煩惱。

其二是使用鬆弛法。這是一種放鬆身心的方法。具體做法是:被人激怒後或十分煩惱時,迅速離開現場,做深呼吸運動,並配合肌肉的鬆弛訓練,甚至可做氣功,訓練放鬆,以意導氣。逐漸入境,使全身放鬆,摒除腦海中的一切雜念。

其三是學會節怒法。這是一種自我節制怒氣的方法。主要靠高度的理智來克制怒氣的暴發,可在心中默默背誦名言。

其四是懂得平心法。這是保持自我心情平靜的一種方法。可以盡量做到「恬淡虛無」、「清心寡欲」。如果你與世無爭,不為名利、金錢權勢、色情

所困擾，不貪不沾，看輕身外之物，同時又培養自己廣泛的興趣愛好，陶冶情操，充實和豐富自己的精神生活，可使自己常常處於恬淡、怡悅的寧靜心境之中。

其五是運用自悅法。這是一種自尋愉悅、自找樂趣的方法。經常參加一些有益於身心健康的社交活動和文體活動，廣交朋友，促膝談心，交流情感。也可以根據個人的興趣愛好，來培養生活的樂趣。做到勞逸結合，在工作學習之餘，應常到公園遊玩或至郊外散步，欣賞鄉野風光，體驗大自然的美景。

其六是保持心閒法。通過閒心、閒意、閒情等意境，來消除身心疲勞，克服心理障礙。不要活得太累，人生無非就是瀟灑走一回。心情豁達，遇事想得開，何來煩惱？

習慣十一 保持健康

　　一個人活得幸福並不取決於命運，而是取決於我們的健康。健康與金錢、權力、地位、事業相比，是最重要的東西，是我們生存最可靠的資本。

　　有人說生命如同一朵花，花開總有花落時，人的生命本如花開花落。又有人說：「珍惜生命吧，人生只在呼吸間。」既然人世間最寶貴的是生命，那麼，我們應該如何地去呵護它呢？保持健康！健康是人生幸福中最重要的成分，只有養成保持健康的習慣，生命才會光彩奪目。

1·健康 —— 人生的第一個奮鬥目標

> 健康是一個人成功的基石，健康是一切事業最重要的財富，也是社會進步的基石。健康也是我們人生的第一個奮鬥目標。

1877 年迪士尼在他那篇令人懷念的演說中說：「人民的健康是國家所依賴的基石。一個國家擁有很多能力強而有進取心的人民，那才會有傑出的企業家，才有突破產量的農業生產，藝術才會發揚，好的建築、寺廟、皇宮才會遍布這個國家。並且也才會擁有足夠的物資力量去保衛、支持這些美好的事物，因為你會擁有精銳的軍隊。如果這個國家的人都靜守不動，國家的力量會逐漸削弱，國家的前途注定會變得黑暗。以我看來，人民的健康應是政治家的第一等責任。」

如果你身體瘦弱、消化不良、精神疲倦、精力不足，你又能完成什麼任務呢？扁平的胸部與下垂的兩肩永遠攀不上社會的高層。趕快挺起胸膛，強韌肌肉，昂起頭來，初期你也許不習慣，但是很快你就會得到由於健康而帶來的喜悅；因為你已勇於向重擔挑戰了。

可悲的是，人們常常在失去健康以後才知道健康的可貴。例如，年輕朋友惟恐消耗不了他的精力，因為他身上有剩餘的精力可用，所以不加愛惜。對於在人生的旅途中願意冒險前進的朋友，建議你要養成時刻注意健康的習慣，不要因為你有剩餘的精力就不加珍惜而隨意浪費。浪費的結果是要付出極高的代價的。

在我們的現實生活中，有很多追求成功的人，在經過長期奮鬥中，他們由於沒有養成注意身體的習慣，往往在即將成功之前，因身體不健康而敗下

陣來，以致前功盡棄。

保持身體健康的習慣，並不是一件什麼難以忍受之事。其實，只要給它適當的注意就可以了。既然你不會讓你的汽車成年累月地開動而不加以保養，那你為什麼對自己的身體就可以讓它拖下去而不加以關注呢？每一個人都知道這個道理，卻很少有人加以注意。

辛達爾在一篇題目叫做〈空氣與肺病〉的散文中提到一個鞋匠說的話：一天三次行走兩英里所吸入的氧氣是最佳藥劑。不僅有效而且免費，服這藥的時候還會覺得內心充滿了喜悅。這藥適用於任何年齡、任何體格。這藥是上天無限智慧的創作。這藥可以治好腳冷、頭部發熱、臉色發白、肺病和壞脾氣。這樣可以袪除人與人之間的敵意，幫助夫妻和好，這藥從來沒有失靈過。不過在城裡你服下去的是假藥，到農村去服的才是真的。或者到山頂去服，那才是大自然實驗室製造出來的最完美的藥呢！

你每天可以走一里路，喝 8 杯水，7 個小時正常睡眠。大致講起來，這種生活是遵從大自然的規律。你遵從它們是因為你需要好血液、好胃口、好睡眠。你每年可以去看兩次醫生。不是有病去看，而是想確定是否有什麼毛病發生。

如果前面所說的理論 ——「凡是與人分享反而增多的東西，才是生命的寶貴之物」可以成立的話，你也許要問，健康又怎麼能與人分享呢？想一想，走到一個抬頭挺胸、精神奕奕的人面前，誰又能不精神為之一振呢？因為他的精神感染我們，使我們振作。

身體健康是成功與快樂的基礎。從現在起你要給你自己證明，你決心要活得更健康。

這裡我們告訴你一個簡單而又可行的保持健康的祕訣：那就是睡眠 8 小

時，打開窗戶睡覺。每天早晚有規律地做一次操。吃有益的食物，但是絕不過量。一天至少步行 500 公尺。中午與假日在戶外晒足夠的太陽。端正姿勢，凡是走路能挺胸，坐著也伸直的人，行事必定也正直。

　　請不要以為我們是在替你做好什麼完整的訓練身體計畫，那是醫生的事。這裡只是想把健康觀點深植在你心中。

　　如果你真能盡力而為，12 個月以後不妨問自己下列問題：

1　現在我身體好不好？

2　如果不好，要做些什麼事？

3　今年之內我要克服什麼弱點？如姿勢不正確、胸部挺不起來、體重過重、缺乏睡眠、消化不良、便祕、頭痛等等。

4　如何去做？

5　下一年什麼是對我身體的最大挑戰？

6　要不要積蓄我的精力以應付明年好運來臨的一年？

7　什麼是現在就必須動手去做的事情？

8　是不是動手後就要堅持到底？

　　把這些答案寫出來，你就有了一個健康目標，達到這個目標，你就奠定了人生成功的基石。

2・良好的生活習慣是健康之本

世間沒有一把萬能的健康鑰匙，也沒有一張放之四海皆準的長壽祕方。人生要求我們：熱愛生命，積極生活，養成良好的生活習慣，走出自己的健

康之路。

　　從健商（HQ）角度來說，健康的良好狀態是指人的身體上、精神上、情感上、信仰上、社會環境和生活規律上的狀況良好，包含了人類所有生存因素上的健康，也指生命品質和生活習慣的狀況良好。

　　健康，一般年輕力壯的人並不太注意。只是生了一場嚴重疾病或人到中年，才覺得健康重要。但往往健康已受到損害或潛在的威脅。雖「亡羊補牢猶為未晚」，總不如未雨綢繆早預防的好。

　　首要的是對健康須有個清醒的認識。「健康是人生第一財富」是愛默生的感悟。著名教育家陶行知說過：「健康是人生的一個重要目的，也是學問的一個重要目的。學生是學習人生之道的人，學習厚生則可，學習傷生是斷斷乎不可的。」「我深信健康是生活的出發點，也是教育的出發點。」

　　現代學者梁實秋先生認為：「健康的身體是做人做事的真正的本錢。」這些觀點是深刻的，也是很現實的。縱然你有經天緯地的超世之才或氣吞山河的宏圖大志，如沒有一個健康的身體，一切都將枉然。

　　健康養生是中華民族文化瑰寶的重要組成部分。大思想家、教育家孔子不僅在這方面多有論述，而且身體力行，在當時物質醫療條件都十分落後的條件下，他能活到 73 歲，可算得上是「古來稀」了。他的養生之道主要是動靜結合，生活有節。具體表現為：保持精神樂觀；重視體能鍛鍊；講究飲食衛生；堅持生活有節。隨著時間的推移，現代文明使人們的物質生活大為改善，這也許是古人們不曾推算到的。但是，物質生活的優裕，醫療條件逐步好轉，並不等於健康。人類正經受著新的環境問題引發的各種疾病和死亡的考驗。我們必須足夠重視自身的健康問題，然而，生活廣闊無邊，人生多姿

多彩，健康受多種因素所制約。世間沒有一把萬能的健康鑰匙，也沒有一張放之四海皆準的長壽祕方。人生要求我們：熱愛生命，積極生活，勇敢地去尋找自己恰如其分的生活方式，探索自己的健康之路。

生活習慣是影響人們健康的重要因素。世界衛生組織曾公布一份研究報告表明，工業化國家將有 75% 人死於與生活方式有關的疾病，如癌症、心血管疾病、呼吸系統疾病等。在開發中國家，導致死亡的原因不僅僅是傳染病和遺傳病，而且還有與生活不良習慣有關的疾病，如吸菸、過於肥胖、缺乏鍛鍊、精神緊張和吃不衛生的食品。不良生活習慣導致疾病已經成為影響世界人民健康的第一大問題。

科學研究發現，有 10 種生活習性或習慣最有害於健康：

① 嗜菸如命；

② 心胸極度狹窄，嫉妒成性、動不動大發脾氣，極具報復心；

③ 經常酗酒；

④ 個人生活規律無常，根本不講養生之道；

⑤ 生一點小毛病，就吃藥，一年裡打針吃藥不計其數；

⑥ 有了毛病硬撐，不診治，聽之任之；

⑦ 性生活無節制，縱慾過度；

⑧ 整天心神憂鬱不振，悶悶不樂或悲喜過度，對任何事情都不感興趣；

⑨ 沒有一個朋友；

⑩ 從不參加任何體能活動。

可見，養成一個好的生活習慣是健康的前提條件之一。這也說明健康掌握在自己手中，雖然人的健康是由先天遺傳因素與後天生活方式共同決定

的。但某種長期的行為方式，會使遺傳因素變質。這需要人用堅強的意志和毅力，去掉陋習，培養起符合科學規律和自身情況的生活習慣。勇於並善於與命運抗爭，古人云：「我命在我不在天」就是這個道理。恩格斯曾說過：「生命也是存在於物質過程中的不斷地自行產生並自行解決的矛盾，這一矛盾一停止，生命亦即停止，於是死亡就到來了。」所以，要想有一個健康的體魄，只有自愛自立，調動自身內部的積極性，這是別人無法替代的。

健康有其規律性。世間萬事萬物，都有其內在不可抗拒的規律。如地球圍繞太陽公轉，緣於二者適度的距離，適度的引力，適度的質能轉換比例。再如，樹木花草的各種對稱、動物身體的左右對稱，無論直立著的挺拔粗壯，還是運動中的敏捷矯健，都處於力的平衡和協調中。細細分析，原來這簡單的，或複雜的生命都共同遵循著在短和長的不斷變化中，保持對稱與平衡的規則。可見，適度、對稱與平衡就成了宇宙間的重要法則。正因為地球在宇宙的適度位置才造成了它適宜生命存在的大氣、泥土和水，成為孕育生命的搖籃。而生命的總體則在對稱和平衡的框架內保持著動態的和諧，人身為地球上一個獨立物體，也是一個構架複雜高智慧系統。人的生存、發展也必須遵循適度、平衡等自然法則。否則，「物競天擇，適者生存」的自然法則也將會把人送往另一個世界。

長期以來，人們對於這些自然法則自覺不自覺地遵守著，因而，保證了社會的發展、種族的延續。當然，如果人們都自覺運用這些規律指導生活，那麼，人類整體的健康水準會有一個大的提高。遵循養生之道，從小就得在各方面注意，因為這是打基礎的時期，切忌過分勞思或受傷。人的衰老總是從頭、腳兩端開始。按這個道理，每天臨睡前用熱水泡腳，再搓腳心，以加速血液循環、陽氣上升。

　　健商概念就是你要對自己的生活有一個正確的理解，在嶄新的健康知識基礎上建立起自我保健、良好的生活方式和習慣，你就能夠遠離疾病，健康、長壽、幸福。

3‧運動 ── 健康重要手段

> 堅持科學的健身鍛鍊。科學、適度的體能鍛鍊是延長最佳年華、增強體質的最佳方案。

　　「健全的心靈寓於健康的身體。」這句格言可以追溯到古羅馬時代，而且歷久彌新，到今天仍然適用。生命在於運動，人若不動，也就不能生存，更不能成為有思維有感情的高級動物，但運動必須合乎科學，按照科學規律去運動，才能達到健身的目的。一個人如果不按科學規律去運動，盲目地做一些不適合於自己身心的運動，那就不僅得不到健身的效果，反而會損害健康。

　　堅持科學的健身鍛鍊。科學、適度的體能鍛鍊是延長最佳年華、增強體質的最佳方案。應寓健身鍛鍊於日常生活中，即使每天抽出 15 分鐘慢跑或 20 分鐘步行，也會收到良好的效果。卡內基說：「我發現，煩惱的最佳『解毒劑』就是運動。當你煩惱時，多用肌肉，少用腦筋，其結果將會令你驚訝不已。這種方法對我極為有效 ── 當我開始運動，煩惱也就消失了。」不管什麼，體能活動可使人精神為之一振。

　　「運動是健身的法寶。」這是古往今來仁者智士、養生者、長壽者已取得

的共識。因此，很早以前，體能運動就被作為健身延年、預防疾病的重要方法。經常參加運動的人，其死亡率比同齡不參加運動的人低。美國學者巴芬勃格爾，研究有關參與運動和死亡危機率的關係，結論是：時常做適量運動的人，其死亡率在男性比沒有參加運動的人低 30％，女性低 50％，可見適量運動對身體健康的重要性。

人類社會中所有的美和熱情都是運動的衍生物，那麼我們應該如何去選擇一項運動，一項適合我們自己的運動呢？有專家為我們提供了一些運動法，我們不妨試一試。

散步，是日常生活中最簡單又易行的運動法，運動的量不大，但健身效果卻很明顯，而且不受年齡、體質、性別、場地等條件限制。人常說：「飯後百步走，能活九十九。」「百練不如一走」，足以說明散步在保健中的作用。古今中外的一些長壽老人，都把散步作為延年益壽的方法。當然，散步的關鍵不在於形式，而在於能否持之以恆。

冬泳，可以降低體溫，延年益壽。冬泳活動，早在以往就有人進行，但是，作為一項群眾性的運動，是從 1980 年代興起的。透過對冬泳者體質與健康的研究，可以肯定地說對健康確實有益。

簡化太極六段拳，太極拳巧妙地融合了氣功與拳術的長處，動靜結合，在全身運動的基礎上，尤其側重腰脊及下肢的鍛鍊。它運動量適中，老少咸宜。既適用於強健者增強體質，又適用於多病者康復鍛鍊，尤其適用於中老年人強身抗衰，故成為中老年人的黃金項目。許多研究報告表明，長期進行太極拳鍛鍊，不僅對骨關節、肌肉、神經、血管等運動系統有益，而且對內臟，尤其是心血管系統也都有良好的影響。

此外，還有簡便易學的保健功十六法、養生十六宜、自我按摩等。當然

對於行動不便者，靜坐何嘗不是一項很好的運動呢？靜坐可使人血氣平和，陰陽平衡，還可以祛病強身，增強耐寒和消化能力，也可潤澤肌膚，達到美容的效果。

每個人的實際情況不同，不可能從事多種運動，只能在自己身體條件允許的情況下，選擇一項適合自己的運動項目。對一般人來講，運動就是為了強身健體，而不是為了奪冠，所以，選擇一項適合於自己的運動項目是沒有什麼困難的，也可以自己根據實際情況自行設計適合自己的運動項目。

選擇一項運動項目，關鍵是要能夠持之以恆，堅持下去就會見到效果，不僅增強了自己的體質，而且，也培養了自己的意志和毅力。如果一個人一直堅持一個運動項目，就有可能成為這一方面的強手和高手，也可能因此而獲得比賽的獎盃，很多金氏世界紀錄就是被這樣一些堅持一項運動的人獲得的。

選擇一項適合我們自己的運動，因為只有運動我們才會更健康。所以健康專家認為：「生命在於運動，運動調試健康，生命在運動調整試驗中求得平衡。」那麼我們既然認為運動能調試健康，而且是首選方案，就可以根據自己不同的狀況去選擇適合自己的運動。

4 · 「吃」出健康來

為了自己與家人的健康，要注重合理的膳食搭配方案，從一日三餐開始。

所謂科學膳食是指能使人體對熱量和各種營養素的攝入量和消耗量達到

動態平衡的膳食，即熱量和各種營養素全面、充足而不過量，並且搭配合理，從而保證生長發育，促進和保護人體的健康。

到目前為止，人類食品已有數百種，大致分為穀類、豆類、蔬菜類、水果類、肉類、海鮮類、蛋類、奶類等，每種食物所含熱量和營養素不盡相同，因此食物必須合理搭配，才能保證人體生理代謝所必需的養分。為了便於搭配，我們一般把所有食物分成主食和副食兩大類：

主食：主要指米、麵等穀物糧食，可以供給人體熱能、礦物質和維他命 B 群。

副食：主要包括含蛋白質、礦物質和維他命的食品，如動物性食物、大豆及其製品和蔬菜類，主要作用在於更新、修補人體組織、調節生理功能，通常又稱保護性食品。

怎樣才能做到合理搭配、科學膳食呢？我們要根據身體的需求，使現有的飲食結構完備，注意蛋白質、維他命、脂肪等幾大營養素的搭配，調整糧食、蔬果、動物性食物的比例。有這樣一句話就充分地展現了科學膳食原則：「一把蔬菜一把豆，一個雞蛋加點肉，五穀雜糧要吃夠。」一般來說，我們一日三餐的間隔要合適，飲的量也要控制好，另外要講究飲食衛生。具體來講，就是一句俗話：「早飯吃好，中飯吃飽，晚飯吃少。」

為了自己與家人的健康，要注重合理的膳食搭配方案，從一日三餐開始。

不是所有的人都得按照同一個標準身體才會健康。因為地區、季節、個人生活習慣不同，特別是城鄉居民生活條件的差距，環境和個體差異等，使得不少人可能難以做到。根據大眾一般習慣，並結合有關資料，我們提出以下幾項搭配原則和方法供大家參考：

（1）主食間的搭配

主食類很多，各品種所含相關營養素的質和量也會不同，人體要全面均衡獲取營養素，這樣才有利於健康，因此我們必需注意科學搭配。

（2）粗糧和細糧的搭配

如大米加綠豆，紅小豆和綠豆合煮乾飯，紅小豆大米粥，麵粉和玉米粉合蒸饅頭等，其中民間的「臘八粥」是最好、最科學的粗、細糧搭配的典型食品。

（3）固體液體搭配

固體液體搭配的食物容易消化吸收，特別是對中老年人比較適宜，常用的搭配有：玉米麵粥加饅頭、花捲，大米粥加玉米麵發糕等。

（4）副食間的搭配

副食主要是提供給人體蛋白質、脂肪、維他命及礦物質等營養物質，可保證生長發育，維持體內平衡。各種副食所含營養物質各不相同，合理搭配可優勢互補，取長補短，使人體得到全面充分的營養，有益於增進健康。

（5）葷素搭配

葷素搭配是人們最常用也是最好最重要的搭配，人們常說：「三天不吃青（蔬菜類），肚裡冒火星」；「兩天不吃肉，身體要變瘦」。科學和實踐也證實葷素搭配有三大好處：

可以達到蛋白質互補：如富含動物蛋白的肉類、禽類食品的搭配可極大地提高其蛋白質的營養價值，如：「紅燒肉加麵筋」、「魚頭燒豆腐」等。

含豐富的蛋白質的食品和蔬菜搭配，可以得到豐富的維他命和礦物質，

同時還可以充分利用大豆蛋白質，如：「大蔥燒豆腐」、「腐竹炒油菜」、「小白菜炒豆皮」等。

　　葷素搭配還可以調節人體內的酸鹼平衡。一般來說，動物性食物都屬於酸性食物，如果單食動物性食物攝入較多，易造成人體內酸鹼平衡失調（偏酸）；而很多植物性食物都屬於鹼性食物，如果二者一起食用，則可保持人體內的酸鹼平衡（人體血液的正常 pH 值為 7.35 ～ 7.45）。所以葷素搭配不僅可使人體從中獲得豐富的營養素，還可保持體內的酸鹼平衡，極有利於身體健康。

(6) 生熟搭配

　　主要指蔬菜的生熟搭配。大家都知道，蔬菜中富含的維他命 C 和維他命 B 群遇熱容易受到破壞，所以加溫烹調會使蔬菜中的維他命損失，因此適當生吃一些新鮮的蔬菜，既可攝入較多維他命，增加營養，又可促進食欲（特別是夏季）。常用可生食的蔬菜有番茄、「心裡美」蘿蔔等；涼拌菜有叫「蔥拌豆腐」、「涼拌絲」等。當然吃生菜必須嚴格注意衛生，一定要認真清洗或消毒後食用。

5‧養護心理 —— 讓你的「心」更健康

世界長壽學者胡弗蘭德說：「在一切對人不利的因素中，最能使人短壽的、夭亡的，是不好的情緒和惡劣的心境。」因此，人們應該時刻重視對心理的養護，以保持心理健康。

隨著社會的發展，競爭的程度越來越激烈，人們幾乎一直要承受各式各樣的心理壓力和衝突。工作難找、失業、做生意或炒股只賠不賺、升學屢試不中、人際關係難處或家庭破裂……日趨激烈的社會競爭，現實中的種種困難和不願之事無情地擺在許許多多人的面前。在這種狀態之下，要始終維持一種平和的心境，似乎已是遙遠的夢。

心理學家認為，在不同的生活階段，不同的人總會有這樣那樣的焦慮情緒。說實話，這也不全是壞事，因為焦慮常常使人鼓起勇氣面對生活中的困境和挑戰。然而現代社會的超負荷的生存壓力往往會使人感到無法適從，難以把焦慮控制在積極狀態下。由於長期的緊張、恐懼和患得患失，焦慮情緒會繼續發展，成為心理疾病。

在人們日常生活中，心理疾病表現多種多樣：極度沮喪、產生幻覺，不時的空虛、無助感，頭疼等，如果這些病嚴重到足以干擾日常生活時，就要接受心理醫生的治療。心理疾病還可能表現為：

(1) 長期的憂鬱。

由於是一種普遍的心理疾病，現代生活使人容易產生憂鬱，繁忙的工作，不順心的事情，看不見未來，都容易使人產生憂鬱。短時期內憂鬱還看不出有多大的危害，只要及時調整，就可能好轉，而長期的憂鬱就可能導致嚴重的疾病發生，所以，對憂鬱一定不能掉以輕心。

(2) 強烈的孤獨感。

感到孤獨是一種輕度的心理疾病。人本來就是一種群體的動物，合群，保持正常的社交活動，就會使人感到快樂；如果不願意和人交往，而把自己封閉起來，就會產生孤獨感，有了這種感覺，人就會越來越孤僻，越來越不

願意和人交往，就成了病態人生。

(3) 碰到重大事情無法自行判斷。

重大的事情，正常的人都會做出正常的反應，做出正常的判斷和應對。而心理出現疾病的人就不知道該怎麼辦，會出現優柔寡斷，思維陷入自相矛盾的狀態。這就是說自己對自己失去了信心，使其無法做出正確的判斷。

(4) 始終找不到理想的工作，但又沒有其他合適的友人的協助。

心理正常的人都會結交一定的朋友，當他遇到困難的時候，就會向朋友討教，請求幫助。而心理病態的人是沒有朋友的，他總是好高騖遠，覺得沒有人配得上與他交往，對待工作也是一樣，沒有一件工作是他滿意的，他總是生活在失意的狀態之中，他對一切都不滿意，他就永遠生活在不滿之中。

(5) 人際關係不和諧。

心理不健康的人肯定不會有良好的人際關係，因為他不能和人合作，他不會相信任何人。

(6) 經常失眠。

心理不正常的人，總是想入非非，他不能在現實中實現自己的理想，就會在幻想中靠做白日夢來滿足自己，他始終生活在幻境之中不能自拔，分不清白天和黑夜，交感和副交感神經發生紊亂，失眠就是常事了。

(7) 覺得工作壓力已超過自己能負荷的範圍。

心理不健康的人總是抱怨他的工作負擔太重了，總覺得自己做得多，別人做得少，他覺得自己吃了大虧，所以，就會認為自己無法承受工作的壓力，他的工作超出了他的能力範圍。

(8) 對工作環境失望。

心理上出了問題，人就會對環境作出不滿的反應。首先是對自己的工作環境表示不滿，總是抱怨這條件不幸，那條件不好，不是自己做不好，而是環境使自己無法做好。

(9) 對生活環境不滿。

抱怨生活環境的人就是自己的心理發生了問題。正常的人都能適應環境，你在某個特定的環境中生活，你無法選擇，你就只能適應環境，抱怨是無濟於事的。

如果明知道不可改變，還要表示不滿，那就是心理不健康的原因了。

無論什麼人，只要在心理方面出現障礙，尤其在意外事故、神經刺激、心理創傷、人際關係矛盾的情況下，都應及時求教於心理醫生。

患有心理疾病的人，一方面要求助於心理醫生，更重要的還是要靠自己給自己「減壓」、「鬆綁」。只要把兩者結合起來，才能治癒自己的心理疾病，獲得健康的心理。健康的心理包括如下原則：

1　心理健康的人擁有一套解除心理困頓的私人處方，不是奢望阻止壓力的攻擊，而是積極面對。

2　心理健康的人認為，承受挫折只是人生的一道關卡，人難免會有不愉快，不如意，他們會擊潰憂傷反向快樂。

3　心理健康的人懂得變通之道，改變固執的性格，讓自己變的更像小草，可以在狂風暴雨中挺立。

4　健康的人相信，人是情緒性動物，願意接受自己的情緒，懂得如何教育情緒奔流而去。

5　心理健康的人懂得孤芳自賞和自我陶醉，這意味著這些人知道自己好在哪裡，有能力在孤獨的時候仍然樂在其中。

6　心理健康的人，不會把挫折壓抑在心底，即使是最小的困頓，也習慣將它完全清理乾淨。

7　心理健康的人懂得如何結交知己，知心朋友往往是心靈黑河的澄清劑。

8　心理健康的人擁有趣味、豁達的休閒生活，善於用大自然的美景洗淨心靈的悲緒。

心理健康的人應該不是完美無缺者，只是那種懂得在逆境中求生，明白如何面對挑戰，適應環境的人。他們很有現實感，能在成功與失敗之間找平衡點。

我們應該努力地克制自己在緊張焦慮時的情緒反應，使身心達到一種泰然的境界。讓我們擁有健康的心理，以輕鬆、活潑、灑脫的狀態投入到工作、學習、生活中，去獲得成功。

6‧做一個精神健康的人

良好的身體不僅包含強健的體格，還包含有健康的精神。只有精神健康的人，才會不斷戰勝自己，創造機遇，把自己的事業推向成功。

精神健康的人說話做事光明磊落，從不模稜兩可或用謊言欺騙人，也從不欺騙自己。他們認為，要麼活得轟轟烈烈，要麼活得平平淡淡，無論什麼樣的生活，都能顯示出真實來。

怎樣保持精神健康？關鍵要學習一些心理衛生知識，掌握心理保健的方法，進行自我慰藉，及時排除心理障礙，保持心理平衡，從而心情舒暢地投入生活。在平時還應注意做到這樣幾點：

第一，對未來充滿信心。理想是人生的精神支柱，是青春永駐的營養劑。丟棄理想就會無所事事，失去目標，失去動力。身心屈服，萬念俱灰。而堅信「太陽每天都是新的」，為理想的實現而不懈努力，就會深感內心踏實。

第二，對許多事情保持著濃厚的興趣和好奇心，易於接受新鮮事物。

第三，有一種滿足感。感激周圍的同事、朋友、家人和生活環境，感激自己現在擁有的一切。但不是消極地沉緬於滿足現狀的自我安慰中，而透過這種方式形成深沉的內驅動力，獲得力量與勇氣，以現在為新的起點，實現新的飛躍。

第四，對客觀環境有很強的適應性。所謂適應，一是承認接納現實；二是調整自己，但並非消極地逆來順受，隨遇而安，而在主、客觀的相互溶解與撞擊中，使自我得到昇華。

第五，樂於學習，注意不斷調整自己，樂意學習新的知識技巧，追求耕耘，不計收穫。

第六，注意保持良好的情緒。尤其是當受到挫折、損失甚至做了一件使自己後悔的事情後，能在短時間恢復自己一向樂觀的情緒。

第七，敞開心扉，願意結交新朋友。在交往中不要太勢利，應著重吸取對方的優點，豐富自己的思想。

第八，心態平和，容易諒解別人，並不怎麼看重金錢、功名。不怨天尤人，耿耿於懷或自哀自嘆。

第九，經常參加文化、娛樂、體能活動，排除鬱結，驅散憂愁和緊張。

第十，進入中老年後，忘掉自己的實際年齡。不因年齡的增長而增加精神負擔，限制自己的創造欲望，注意保持旺盛的青春活力。

總之，人要經常提醒自己，有什麼都不要有不良的心態和情緒；沒什麼都不能沒有信心和樂觀。前者不會改變事物的本來面目，後者無益於問題的解決。

健康有賴於良好的道德修養。科學研究表明，經常做好事的人心血管疾病和感染性疾病的發生率低。而那些不講道德、損人利己的人容易損害健康。

精神健康的人是非常自尊的。他們不喜歡生活在別人的陰影之下，他們希望靠自己的奮鬥，自己的能力，拼搏出一塊屬於自己的天地來。因此他們不斷地學習，補充自己的能量，不斷地超越自我，奮鬥在事業的第一線。這樣的人，有良好的人際關係，但決不依賴他人，他們具有自己的價值觀和世界觀，也尊重別人的價值觀和世界觀。

精神健康的人，自立精神很強，在生活中從不處於被動地位，他們不會因為別人的鼓勵而改變思想，也不會因為別人的憎恨而停止實踐，他們會在自己的信念下，用自己的方式，堅定不移地完成自己的事業。

精神健康的人，休息時間似乎比別人少得多，但他們精神飽滿，富於熱情，任何時間都有事可做，大部分時間都在工作中度過。他們做事，從不疲倦，而且能發揮自己的能量，具有超人的毅力，也從沒因工作而累壞身體。在生活中，他們也總是充滿活力，永不厭倦。

精神健康的人，總是以飽滿的熱情來投入到生活中去，正確對待現實。用愉快的心情，積極地努力來改變現實，從中獲得樂趣，享受生活。

精神健康的人，是一個心胸寬廣、樂觀活潑的人。在生活中，總是以風趣、幽默來代替呆板、乏味，從而激發人的活力，消除人與人之間的隔閡。他們會創造一種樂觀向上的生活局面，激勵人在逆境中奮進，和這樣的人生活，你也會被感染上活力，會覺得生活更快樂。

精神健康的人，不怕失敗。失敗是成功的前奏，他們善於在失敗中尋找教訓，獲得經驗，然後再征服困難。同時他們認為，所謂的失敗，只不過是別人對你的評價而已，完全不影響自己價值。從另一個方面來講，失敗又是人身價值的一種展現。

精神健康的人，能正確地看待個人與他人、個人與社會的關係。他能把自己放在一個正確的位置上，踏踏實實，不怕吃苦，勤勤懇懇地奮鬥，一步步地接近自己的目標，從不好大喜功、華而不實。

如果缺乏其應有的道德修養，遇事常斤斤計較，既要算計別人，又要防備別人對自己的暗算或報復，於是終日陷入緊張、憤怒和沮喪的精神狀態。導致體內各系統功能失調，免疫力下降，各種疾病很容易就會找上門來。而一個助人為樂的人，堅持做好事，他就能夠與周圍的人建立起良好的人際關係，每天都會感到愉快，獲得精神上的平靜和舒適。這種美好的心境，就可以使人的神經、內分泌、心血管等等人體系統的調節處於最佳水準，從而促使人的身心健康。

美國科學家對 2,700 個人進行了為期 14 年的追蹤調查研究，發現心地不善、孤獨寂寞的人比人際關係處理很好、隨時隨地都做好事的人，死亡率高出 2.5 倍。

健康是一個由多種因素構成，互相影響，相互制約的複雜的系統工程。世界衛生組織給健康下的定義是：除了軀體健康、心理健康和社會適應良

好外，還要加上道德健康，只有這四個方面都健康，才能算是一個完全健康的人。

習慣十二 合理計畫

古語云：凡事預則立，不預則廢。就是說做事情就要有計畫性。我們是不是每天都很努力，也很辛苦，但總是沒什麼收穫？我們是不是每天都很勤快，很忙碌，卻沒有效率。原因很簡單：我們只知動手去做，不知動腦去想，不去認真地設計畫，作安排的結果吧！

1 · 新年伊始 —— 做好年計畫

> 有多少心願過了好多年仍只是心願，又有多少人重複著自己的夢想而最終悔掉了自己的一生。年計畫制訂得不好，荒廢掉的是一年的時間，因此，不可不慎重。

事實上，我們最常做的還是年計畫。尤其在新年伊始，人們往往要對新的一年有許多的祝願。有許多想在新的一年裡實現的目標 —— 也許稱目標並不合適，只是種想法或是心願吧！不知你有沒有寫下你的這些心願，留作年底或來年年初重新審視。有哪些成為現實，哪些將繼續成為你新一年的祝願。

選出你一年的核心目標。

年給我們的時間是相對充裕的，它完全可以改變我們的生活狀態 —— 學習一項專業的技能，結識一個真心的朋友……如果你能在開始設下目標，制訂切實可行的計畫，在一年後你就會發現自己的收穫是頗為豐富的。

也許你現在有十個、二十個目標，也許只有七八個，不管這些目標有沒有可能實現，全部把它們寫下來：先不要設定期限，再從全部目標中選出四個最重要、最想要在今年達成的目標，最後選出其中一個最重要的作為核心目標 —— 就是你在今年最想達成的目標，假如今年只能夠完成一個目標，就選那一個。

選出核心目標之後，再把其他三個依照優先順序排列：當你完成這些步驟時，你已經有四個非常明確的目標，而且是依照優先順序排列的。

通常在你確定了一年的目標後，要專門抽出時間來制定計畫。詳細擬出

你在這一年內要實現的中期目標。然後根據它們，擬定出你準備在近三個月內完成的短期目標。

有計畫有步驟地實現你的目標固然令人興奮，但生活中的每一件事都是逐步來的。一旦你確信既定的目標是適合於自己的，確信自己具有實現這些目標所必備的素養，並已經做好了有關的準備，那麼，不管你會遇到多少麻煩，也絕不要輕易放棄你的目標。

一個良好的年度計畫一定要以長遠的規劃為前提，同時又是月計畫、週計畫、日計畫制定的依據，因此切不要馬虎。

2‧月計畫：更要考慮細節任務

進入月計畫，你的計畫就開始越來越詳細了，月計畫的精度和準確度相應增大，你需要計算到每天都將做什麼。月計畫當然要來自你的年計畫以及季計畫，更重要的是月計畫具有承前啟後的功能，月計畫會更多地考慮細節任務。

上面所確定的一年目標以及中期目標都被分解成為更小的子目標，把這些子目標落實到月計畫當中，再考慮將他們分解到週計畫甚至日計畫當中。一旦訂下來，就要堅持切實地執行。

首先，填寫年度及月分的名稱。

第二步，標記出這個月中的節假日等休息時間，確定剩下的時間，這樣你就會知道這一個月真正屬於工作的時間有多少。除非不得已，切不可占用休息時間工作。

你可以將你娛樂、家庭目標，比如旅遊列入在這個時段中。

第三步，找出你所知道的一些特殊的日子，如家庭成員、朋友的生日或紀念日，與休息日不同，這樣的記錄是備忘之用，它通常不會用你很多的時間，你只需要打個電話問候或者下班時送份禮物即可，可以用想到的方式記錄下來，這樣就省去你到時費心的時間了。

第二步與第三步內容常會有重合之處，只要合理安排，這些事往往就不需要你再費精力與時間了。

第四步，將長期目標、年度目標中的跨月計畫在本月中所占用的時間標示出來。通常，一個大的目標計畫不能只局限在一個月中，經常要分攤到各個月中，在這個月達成這個目標的計畫進行到怎樣的一個階段，你必須清楚。

第五步，計算一下你剩餘的時間有多少，達成月目標計畫所用的時間表將指導你的行動。

然後要記住，要留一定的餘地，時間不宜計畫得太緊張，否則可能因為一點小的意外就會導致全月工作的緊張忙碌與混亂。

月計畫還有著自己的獨特性，那就是更適宜有針對性地改變某一種惡習，進而形成良好的習慣。

心理學的觀點認為，潛意識對一個人行為的認同為 21 天，也就是說一種行為在持續做過 21 天後就會成為這個人的習慣，由「被迫」去做而變成「主動」去做。月計畫是最契合這個時間段的計畫，對個人行為模式的改變有著最直接有效的作用。

3・具有激勵性的週計畫

週計畫的制定是較具有激勵性的。這是因為一週的時間有七天，工作日五天，休息日兩天，也就是說你的週計畫可以相對豐富多彩一些，而且較前面的計畫時間較短，既可以在較短的時間內受到成功的激勵，又可以及時修正不當之處。

週計畫不像月計畫那樣受客觀的限制較大（比如春節前是許多工作不能推進的時候，春節過後，往往是許多商品的淡季）；又不像日計畫那樣瑣碎，週計畫最適宜發揮工作的效率。而且週計畫可以隨時發現新問題，及時處理。還可試用某種方法與模式，找出成功的最佳策略。

每一週的計畫一定要放在一個醒目的位置，以確保你能時時看見。在每一週結束的那天，參考每週計畫效率表填寫完成情況，進一步制定你下一週的計畫。在每個月月底要比較四週以來的情況，以便找出最有效率的工作方法，進而為提高每週的做事效率做參考。擬訂週計畫要記住不要占用你的週末。除非有緊急情況，否則不要讓工作延長到週末。

週末輕鬆一番，完全遠離辦公室或工作的事務，這樣有助於更好運用下一週的時間。如果你能偶爾抽出較多時間用於週末活動，那就儘管去度週末吧。

如何度過你的週末要有計畫，不要只是來了就接受，否則你會不知所措。為週末擬定出一些特別的籌劃，可以提高下一週的工作士氣，刺激起要把一週工作做完的興趣。所以一定不要讓工作干擾週末活動。

週計畫安排的重點，可有以下幾個方面：

1　我應把精力集中在什麼事情上？

2　什麼是本週最大且最花費時間的任務？

3　哪些工作我本週必須完成或開始進行？

4　為了應付例行事務，我應該做些什麼？

5　哪些棘手的工作應該著手進行？

6　有哪些是有用的、值得期望的事？

7　哪些未曾預見的事件可以事先進行安排？

4·每日計畫：既定目標的具體實現

> 每日計畫是人生計畫最後、也是最重要的階段，是對既定目標的具體實現。日計畫要求一步一步地、系統地進行，把總任務細分成幾個子任務，以便把不同的活動分配到各個時段。完成一個週計畫、月計畫乃至年計畫的基礎就是每一天的計畫。你只要將前面這些行動計畫，安排到你每一天的時間表內就可以了。

　　人生，就是許多個「今天」的累積。因此只要每一天都充實，人生也就無悔了。因此，每日計畫實質上就是思考「如何使今天一天充實」的方法。如果你能明確這些的話，你就已經擁有一個十分完美的、屬於你自己的人生計畫。

　　如果每日計畫只是「裝在腦中」，它會轉瞬即逝，計畫也就泡湯了。書寫成文字的每日計畫還意味著減少人腦記憶的工作量。用白紙黑字訂出計畫，

本身具有一種自我激勵的心理效應。你再也不會因任務繁雜而心神不寧，只須專注於既定的目標任務。而且通過檢查每日結果，你不會忽視未完成的事項。

透過計畫，你對完成任務需要的時間和干擾時間心中有數，有助於預留一定的機動時間來處理臨時性工作，這實際上提高了你的工作效率。

如果你明白自己當天要達到什麼目標，你就會自覺地把工作安排得更加合理，排除來自於個人和外界的各種干擾，專注於目標的達成。在結束一天的工作後，你會問自己這一天有哪些收穫，過得是否充實，明天該如何度過等等。然後，你會帶著對這一天成就的滿足感酣然入睡。

每天一早給自己一個快樂、有效率的自我教導，精力充沛而迅速地開始一天的計畫。許多人前晚上床前就已失去了明日，因為他們帶著嚴肅的心情緩緩就寢；有人在還沒起身前，已經自我教導那一天會很倒楣；還有一度與成功絕緣的人，告訴自己凡事一切慢慢來。

如何一大早就能讓你積極奮發地開始一天的工作方法：

(1) 聽活潑的音樂

振奮思考對你的心情有不可思議的影響。聽聽那些有振奮、有熱情的音樂能給你一天的熱情生活。

(2) 選擇有鼓舞性的 CD

選擇可以引發良好動機的音樂 CD。這種好音樂到處都有。

(3) 前晚做好計畫

前一天晚上我會做好第二天的計畫。

（4）自己鼓勵自己

自己要給自己鼓勵，「嘿，我得好好做。」這種暗示也能啟動你的潛力，從而能夠出色地完成任務。

（5）準備一些好書

在你的床頭櫃上，別忘了準備幾本勵志小說，養成睡前閱讀的習慣。

（6）運動

一週三次。常保健康，即使是從事體力工作，也需要均衡的運動。因為工作上的勞動，是指一部分肌肉的重複動作。全身運動 —— 像游泳、慢跑、打球，散步等 —— 更有益健康。

5·制定一套行動計畫

制訂目標是為了達到目標，目標制訂好之後，就要付諸行動去實現它。實現目標卻需要扎扎實實的行動，只有行動才能化目標為現實。

許多人都制訂了自己的人生目標，從這一點來說每一個人似乎都像一個謀略家。

但是，相當多的人制訂了目標之後，便把目標束之高閣，沒有投入到實際行動中去，結果到頭來仍然是一事無成。

如同除了穿過黑夜不能到達早晨一樣，只有先有了第一步，就會有第二步、第三步……這樣不斷地做下去，你就會發現離目標越來越近，你的目標正在漸漸地變為現實。

朝著你確定的目標持之以恆、鍥而不捨地做下去，這便是實現任何目標的唯一辦法，除此之外再沒有第二條路可走。

(1) 制訂一個有效的行動計畫

行動計畫可以說明你逐步達到目標。從最重要的目標開始，問問自己：「我應該採取怎樣的步驟來達到這個目標呢？」想到什麼，就隨手寫下。等到列舉完畢，再重新檢查，依優先順序重新排列，從最簡單、最容易，而且能盡速完成的開始著手。當你循序漸進，完成每一件事時，就會愈來愈有信心往前繼續努力。

(2) 為實現計畫而努力

① 保持專注。不要貪圖一時快意，而分心去做和行動計畫毫不相干的事。否則，你將會得不償失。

② 保持應變能力。保持應變能力與專心致志並不會互相衝突。當你離目標愈來愈近時，可能會發現它並不是你原先所希求，而其他的東西才是你想要的。想想看你周圍多少人的工作和他們在學校裡學的完全不同？所以，了解自己非常重要，只不過，有多少人真正知道自己想要的是什麼呢？

③ 願意嘗試改變。在你設定了最重要的目標，制定了完善的行動計畫，而且專心致志，朝著目標努力時，別忘了保持開放的胸襟，接受任何可能促使你重新審視目標的改變。變化可能是一種威脅，但是它往往也是機會之所在。

④ 適時獎勵自己。在預定時間內努力工作固然重要，但也不要忽略工作的樂趣。在行動計畫中空出一段時間，讓你可以欣賞自己的努力成

果，並獎勵自己的成就。畢竟，能愉快地工作該是促使你追求這些目標的原因之一。

(3) 保持高度興致

為了確保行動計畫的成功，你需要保持高度興致。欲望是聯結行動與計畫的橋梁，推動行動計畫的動力，也是成功的重要關鍵。要保持高度興致的方法如下：

① 肯定自我。重溫過去的光榮成就，想想你是如何克服困難而完成它們的。以你的成就為榮，肯定自己絕對配得上努力追求的美好事物。

② 獲得報酬。如果努力能得到報酬，你會做得更起勁。這報酬不一定是金錢，也許他人的尊重、讚美，或是完成工作時的滿足感等等。

③ 在心中描繪美好結果。想像一下達到目標時收穫的豐碩果實，想想美夢成真時的美好感受。時時回味這些栩栩如生的美好畫面，可以促使你早日達到願望。

6 · 合理的規劃，讓工作條理化

> 工作有條理，既是最容易的事情，也是最困難的事情。

有一位經理嘆息說：「我最大的問題之一是無法把事情管理得井井有條。」我們經常看見一些人的書包裡，甚至高級管理人員的公事包裡，簡直像一個廢物箱：啃了一半的麵包、掉了皮的雜誌、捲了角的書、幾塊口香糖、一疊廢紙等等。

工作的有序性，展現在對時間的分配上，首先要有明確的目的性。很多時間管理權威都指出：如果能把自己的工作內容清楚地寫出來的話，便是充分地進行了自我管理，就會使工作條理化，因而使個人的能力取得很大的提高。

只有確實明白自己的工作是什麼，才能認識自己工作的全貌，從全域著眼觀察整個工作，防止每天陷於雜亂的事務中。

只有確實明白辦事的目的，才能正確掂量個別工作之間的不同比重，弄清工作的主要目標在哪裡，防止眉毛鬍子一把抓，既虛耗了時間，又辦不好事情。

只有明確自己的責任與許可權範圍，才能擺脫自己的工作和下級的工作、同事的工作及上級的工作中的互相推諉和打亂仗現象。

填寫自己應做工作的清單是使自己工作明確化的最簡單的方法之一。其方法是在一張紙上首先試著毫不遺漏地寫出你正在做的工作。凡是自己必須做的工作，且不管它的重要性和順序怎樣，一項也不落地逐項排列起來，然後按這些工作的重要程度重新列表。重新列表時，要試問自己：「如果我只能做此表當中的一項工作，首先應該做哪一件呢？」

然後再問自己：「接著，我該做什麼呢？」用這種方式一直問到最後就行了。這樣，自然就按著重要性的順序列出了自己的工作一覽表。其後，對你所要做的每一項工作，寫上該怎樣做，並根據以往的經驗，在每項工作上備註你認為是最合理最有效的辦法。

為了使工作條理化，不僅要明確你的工作是什麼，還要明確每年、每季、每月、每週、每日的工作及工作進度，並透過有條理的連續工作，來保證按正常速度執行任務。在這裡，為日常工作和下步進行的專案編出目錄，

不但是一種不可估量的時間節約措施，也是提醒人們記住某些事情的方法，特別是制定一個好的工作日程表就更加重要了。計畫與工作日程表不同，在於計畫是指對工作的長期打算，而日程表是指怎樣處理現在的問題。比如今天的工作、明天的工作，也就是所謂的逐日的計畫。有許多人抱怨工作太多、太雜、太亂，實際上是由於許多人不善於制訂日程表。他們不善於安排好日常的工作，連最沒意義的事也抓住不放，人為地製造忙亂，不但談不上工作條理化，連自己也被壓得喘不過氣來。名作家雨果說過：「有些人每天早上預定好一天的工作，然後照此實行。他們是有效地利用時間的人。而那些平時毫無計畫，靠遇事現打主意過日子的人，只有混亂二字。」制定工作日程會因工作性質、本人身體狀況和氣質的不同而不同，應遵守以下原則：

1　以重要活動為中心制定一天工作日程。有些工作是關鍵的或者說是帶戰略意義的重要活動，進行工作時應以這樣的重要工作為中心。

2　以當天必須首先要做的那件工作為中心制定一天工作日程。不可能有這種奇蹟，剛開始做，一下子就做完了全部工作，所以要挑出那些在一天內必須做完、一旦受干擾中斷就不太好辦的工作。

3　把有關聯的工作歸納在一起做。種種瑣事歸納在一起，會使工作有節奏和氣勢。例如，有些信件，可以歸總起來一次寫完；盡量地約好時間，盡可能地集中地依次會見來訪者；必須閱讀的資料，集中到一起很快地過目一下等等。

4　使工作日程與自己的身體狀況、能量的曲線相適應。能量曲線因人而異，一般的人上午精力充沛，因此，要利用這段時間去從事那些最有挑戰性、最富於創造性的工作。而在你精神上、體力上和工作效率都在減退時，換做一些其他工作，或者做一些事先已經安排好了的工

作，或者休息一下。

由於人們每天需要做的事情很多，事情又有輕重、緩急之分，大小之別，難免有時顧此失彼，本來想做這件事，不知不覺中卻做起了別的事情。所以在有了工作日程表以後，最好隨身攜帶筆記本和備忘錄用紙，這樣你不但明瞭了當天的工作，也明瞭了此時此刻應該做什麼工作。

除隨身攜帶筆記本外，使用卡片也是一個好辦法。可以把卡片放在衣袋裡、辦公桌上、家裡的寫字臺、飯桌上、電話機旁、床邊和廁所等必不可少的地方，時時提醒自己。

在工作中，有時突然頭腦中冒出一個新穎的想法，或者想起了什麼必須做的事。如果這些想法與目前正在做的事有關聯，那可以照著去做。如果它並不是要立即去做，今後做著更合適，那就把它記在備忘錄上；對那些有意義的設想，可以利用星期天、假日仔細研究，並加以歸納整理，這樣，本來不太明確的事也明確了，你的工作和應辦的事就更有條理了。

此外，對於從事學習和工作的人來說，辦公桌面是否整潔，是工作條理化的一個重要方面。一位管理者在解釋辦公桌上的東西是如何堆積起來時說：「這是因為我們不想忘記所有的東西。我們把想記住的東西放到辦公桌上一堆資料的上頭，這樣就可以看到它們。」問題是這種方法還真管用。每當我們的注意力分散時，我們就看到了它們，我們想起了這些事情，於是不再胡思亂想。後來，東西堆得越來越高，我們不能記起下面放的是什麼東西，於是就開始在資料堆裡尋找。這樣，時間就浪費到查找丟失的東西上。同時也浪費在注視所有我們不想忘記的東西所造成的干擾上！據統計，有95%以上的管理者都為辦公桌上堆滿東西而苦惱。

成功者使辦公桌整潔而不亂的辦法是：

1　把你辦公桌上所有與正在做的工作無關的東西清理乾淨。你現在所做的工作應該是此刻最重要的工作。

2　在你準備好辦理其他事情之前，不要把與此無關的東西放到辦公桌上。這就意味著，所有的工作專案都應該在檔案中或抽屜裡占有一定的位置，並把有關的東西放到相應的位置上。

3　要力戒由於有吸引力的干擾或因你厭煩了手頭上的工作，而放下正在做的事情去幹其他的工作。

4　按規則把已經處理完畢的東西送到適應的地方去。再核對一下剩下的重點工作，然後再去開始進行第二項最重要的工作。

從辦公桌上拿開目前不需要的書籍、檔案後，可以按其重要性和先後順序，分為「應立即處理的」，如緊急信件和其他必須馬上處理、做決定的事；「暫時放在一邊處理的」，即大致看一下檔案內容，按內容分類放入檔案夾中，在採取適當的行動之前，一直放在那裡；「以後處理的」，即不是真正重要的工作、還有待研究、需要更進一步深入研究和努力挖掘、以及有必要在時間、注意力等方面作較充分安排的事項；「留作資料保存的」，包括上級的政策、指示、決定以及有保留價值的資料、檔案等等，可根據自己所好「分類保存」，用完以後放回原處。

一位著名作家的手稿、資料、書籍等，什麼東西放在哪裡，都有一定的「規矩」，每次用完，總是隨手放回原處。對跟他有聯繫的報紙、出版社、文藝界、科學界朋友的姓名、地址和電話號碼，也分門別類登記，可隨手查到。由於他養成「有頭有尾」的好習慣，把資料手稿整理得井井有條，辦公桌就像「管理交通」一樣管得有條不紊，這樣就避免了混亂，時間就不會在找這找那的空隙中白白溜過去。

7 · 累積知識，也要有計畫

> 累積知識，要注意一定的計畫。一個什麼都想學，什麼都想累積的人，最後什麼都學了一點，往往什麼都學不成。

福特少年時，曾在一家機械商店裡當店員，週薪只有 2 美元多一點。他自幼好學，尤其對機械方面的書籍更是著迷。因此他每星期都花 2 塊多的錢來買書，孜孜不倦地研讀，從未間斷。

當他和布蘭都小姐結婚時，僅僅一大堆五花八門的機械雜誌和書籍，其他值錢的東西則一無所有；但他已擁有了比金錢更寶貴、更有價值的機械知識。

幾年後，福特的父親給他二百多平方公尺的土地和一棟房屋。如果他未研讀機械方面的雜誌書籍，終其一生，也許只是一個平平凡凡的農夫而已。但「水向低處流，人往高處走，」已具有豐富機械知識、胸懷大志的福特，卻朝向他嚮往已久的機械世界邁進。此時，從書本上得來的知識，便助他開創出一番大事業。

功成名就之後，福特曾說道：「積蓄金錢雖好，但對年輕人而言，學得將來經營所必需的知識與技能，遠比蓄財來得重要。」「年輕的朋友！先把錢投資於有益的書籍吧！從書上可學到更大的能力；至於儲蓄，有了充分的能力致富後，開始蓄存還來得及。」

「書到用時方恨少。」知識的累積只有達到一定的數量，才能發揮應有的功能。

在知識的累積中，最重要的是要有目標。有目標的累積最有效。這

是因為：

有了目標，才談得上有計畫。目標不清楚，無從制訂計畫，也做不成任何一件事。

有了目標，才能明確「積」什麼，「累」什麼。缺乏內在關聯的知識，或雖有關聯但彼此相隔太遠的知識，累積得再多，也難以發揮作用。

有了目標，才可能判斷知識的相對價值。知識都具有或大或小的價值。但是對於不同的立志成才者來說，它們的價值又具有相對性，並不一樣。語言對於學習歷史、哲學、文學的人價值很大；可是對學現代物理的人價值就小多了。因此，應根據自己的需求，選擇最有用的知識。可見，只有明確目標，才能在較短的時間內掌握較多的知識。

累積知識，還要注意一定階段內求知的限度。一個什麼都想學，什麼都想累積的人，最後什麼都學了一點，往往什麼都學不成。

一位教育學家指出：「你的周圍有一個浩瀚的書刊的海洋，要非常嚴格慎重地選擇閱讀的書籍和雜誌。要鑽研和求知欲旺盛的人總是想博覽一切，然而這是做不到的。要善於限制閱讀範圍，要從中排除那些可能會破壞學習制度的書刊。」

講求知的「限度」，為的是建立好一個人知識結構的框架，並不是說其餘一概不看，一概不讀。累積知識，並不是為了堆集資料，而是為了組成一定的結構，發揮知識的功能。這就要考慮知識的整體效應。

那麼，作為精神世界的結構 —— 知識結構，應該怎樣強化它的整體效應呢？

1　突出知識結構的特色。所謂知識結構的特色，主要是由其核心決定的。在知識結構之中，核心決定結構的性質與功能。這個核心的構成

是複合的，不是單一的；但是一般都有一門、兩門知識占有較大的比重。比如，物理學人才知識結構核心多是由物理學、數學組成。

2　要使知識系統化。系統化就是按照科學的內在整合知識，使之能在課題面前有效地解決問題。達爾文認為「科學就是整理事實，以便從中得出普遍的規律或結論。」別林斯基也認為：「只要一涉及到科學，那麼主要的事就是講究有系統、有秩序。」知識系統化，不僅是發揮其功能的前提，也是科學本身的重要特徵。

3　要注意知識間的相互關聯。注意知識間的相互作用，實質是掌握知識間的融會貫通，不要把任何一門知識或一門知識的某一部分凝固化。同時，要從整體結構上去把握知識之間的縱橫關聯，使自己的知識熔於一爐。比如，地理學與歷史學之間也有緊密的關聯，歷史事件的發生總是不能脫離一定的空間、時間的。學好地理有利於學好歷史，學好歷史，也可以促進學好地理。

4　實行靈活的求知動態調整。合理、高效的知識結構不是一成不變的，而是動態發展的。時代在不斷地發展變化，人的認識要想不落伍，就得不斷調整，才能與之相適應。

調整的基礎有兩個，一為回饋，一為預測。回饋是適應性的，預測是主動性的，二者都不可忽視。例如愛因斯坦，在他讀大學的時候並沒有認識到數學在他研究物理學中的重要地位，上數學課常讓同學代他做筆記。可是，到後來攻占相對論高地的時候，沒有數學工具 —— 黎曼幾何、能量分析幾乎寸步難行。資訊傳來，他馬上進行補充數學知識的長征，經過幾年的努力，他終於駕馭了數學工具，完成攻克相對論理論高地的目標。

調整是為了提高知識結構的完美性，但是世界上並沒有一種至善至美的

結構。追求知識結構的完美無缺，並不是我們的目的。重要的是，使自己的知識結構具有攻克成才目標的功能。

8・了解自己，設計自己職業生涯

蘇格拉底曾說：「認識你自己。」 羅馬皇帝、哲學家奧里歐斯說：「做你自己。」莎士比亞也說：「做真實的你。」充分、正確、深刻地認識自身能力、個性及相關環境，以此作為設定職業生涯日標及策略的基礎。

職業生涯設計基本上可分為以下幾個步驟：

(1) 能力探查

了解職業要求的能力，可以參考各企業對人才素養的要求。一般大公司對管理人員能力的要求有：書面表達能力、口頭表達能力、分析問題能力、解決問題能力、領導能力、人際交往能力、決策能力、創造力和創造精神、應變能力、整合與計劃能力、敢冒風險能力等。

了解自己的能力傾向可以透過以下兩種方式：

第一，能力測驗：可以借助一些權威的測驗量表，對自己的職業能力傾向做一個比較可觀的鑑定。

第二，活動分析：即從實際工作、生活經歷來判斷自己的實際能力。也可以請家人或朋友對你實際能力的優勢與不足做一個評價。

(2) 個性評價

可以透過心理測驗、他人評價、經驗總結和專家諮詢四個管道來評價自

己的個性。

(3) 職業定位

在職業定位中最關鍵的是要制訂實現職業目標的行動計畫。職業定位中的目標確定，可以成為追求成就的推動力，有助於排除不必要的猶豫，一心一意致力於職業目標的實現。

根據自己的能力和個性列出適合從事的多種職業，再把每一種職業的具體工作列出來，按「喜歡」與「不喜歡」將表分兩類，仔細審視「喜歡」表，評定自己感興趣且在能力範圍內的職業是什麼。

關於職業定位，有專家認為可以分為以下 5 類：

第一類，技術型。

持有這類職業定位的人出於自身個性與愛好考慮，往往並不願意從事管理工作，而是願意在自己所處的專業技術領域發展。在過去不流行培養專業經理的時候，經常將技術頂尖的科技人員提拔到領導職位，但他們本人往往並不喜歡這個工作，更希望能繼續研究自己的專業。

第二類，管理型。

這類人有強烈的願望去做管理人員，同時經驗也告訴他們自己有能力達到高階領導職位，因此他們將職業目標定為有相當大職責的管理職位。成為高階經理需要的能力，包括分析能力、人際能力和情緒控制力三方面。

第三類，創造型。

這類人需要建立完全屬於自己的東西，或是以自己名字命名的產品或工藝，或是自己的公司，或是能反映個人成就的私人財產。他們認為只有這些

實實在在的事物才能展現自己的才幹。

第四類，自由獨立型。

有些人更喜歡獨來獨往，不願像在大公司裡那樣彼此依賴，很多有這種職業定位的人同時也有相當高的技術型職業定位，但是他們不同於那些簡單技術型定位的人，他們並不願意在組織中發展，而是寧願做一名顧問，或是獨立從業，或是與他人合夥開業。其他自由獨立型的人往往會成為自由撰稿人，或是開一家小的零售店。

第五類，安全型。

有些人最關心的是職業的長期穩定性與安全性，他們為了安定的工作、可觀的收入、優越的福利與養老制度等付出努力。目前許多人都選擇這種職業定位，很多情況下，這是由於社會發展水準決定的，而並不完全是本人的意願。相信隨著社會的進步，人們將不再被迫選擇。

(4) 設計方案

根據「清單分類」得出的結果，針對每一種職業設計一套科學的工作方案，方案中要訂出工作目標和希望的職位，描述本行業發展前景，所需要的人際環境、工作的具體程式（越具體可操作性越強）。方案訂出後，拿給相應行業的朋友閱讀，得到較高評價的方案是你進一步選擇的依據，你可以重新思考自己的職業生涯，設定切實可行的目標。

(5) 職業評估

評估可透過擇業策略來回饋，更可以作為下一輪職業生涯設計的主要參考依據。成功的職業生涯設計，需要時時審視內在外在環境的變化，並且及

時調整自己的前進步伐，修正目標，才能成功。

選擇能真正鼓舞你的理想職業。

《聖經》中說，「找到了適合自己的工作的人是有福的」，特別是對現代人來說，競爭更加激烈，找到一份普通工作已非易事，找到一份適合自己的工作就更加困難。因此，這句話更帶有真理性，並且更耐人尋味。但是，人就是這麼奇怪，在幾乎所有民族中，在幾乎每一個年齡段，你總會發現，總是有一些人對自己的職業、對自己的工作表示不滿和抱怨。

對於有的人來說，不管他們所從事的是腦力工作，還是體力工作，他們都不喜歡。因為他們是一些喜歡遊手好閒、好吃懶做的人。對一個不喜歡工作和活動的人，你能指望他做出什麼呢？除了失敗和平庸，他們一生之中是不會做出什麼成績、創造什麼事業的。懶惰乃是萬惡之源，一定要牢記：一日勞作，可獲一日安眠；終生勞作，可獲一生幸福。

然而，在現實生活中，許多人沒有取得成功，並不是因為他們懶惰，並不是因為他們好逸惡勞，而是因為他們在開始生活的時候，邁出了錯誤的一步，選擇了錯誤的職業。人們通常把這種情況稱之為對某一工作「不合適」或者說「不能勝任」。

因此，我們應當認真考慮：所選擇的職業是不是真正使我們受到鼓舞？我們的內心是不是同意？

在求職擇業的時候，進行比較長遠的考慮也是非常必要的。

對現在的你來說，十年後是個遙遠的未來。但是，何不試著預測一下十年後的你會如何呢？

十年後你會從事什麼樣的工作？是否幸福、滿足呢？一旦考慮到這些長期性的問題，就必須列出一串對你而言具有魅力的職業清單。接著，還要

把幾項主要因素考慮進去，然後了解這些職業的狀態，有什麼樣的特徵。例如，會不會像海洋生物學者和考古學者一般，就業機會很少？有無地理上的限制？地質學者為了要找尋新的礦床，必須長期離開家庭，那樣的條件和你理想中的家庭生活協調嗎？如果你沒有特別感興趣的職業領域，建議你選擇工作機會不受地區限制的職業。這樣，即使搬去別的地方，學到的技藝還是伴隨著你。大多數的醫生都體驗到移民到外國是很困難的事，因為醫生的教育有很嚴格的規定，並且幾乎所有的其他國家都不相同。

習慣十三 科學理財

富有也有富有的習慣，貧窮也有貧窮的習慣。富人種下富習慣收穫富有，窮人種下窮習慣收穫貧窮。也就是說，習慣往往決定一個人是富有還是貧窮。

1‧養成儲蓄的習慣

> 對所有的人來說，要想成功，存錢是基本條件之一，但是在那些未曾存錢者的心目中，最迫切的一個大問題則是：「我要怎樣做才能存錢？」存錢純粹是習慣問題。

任何行為在重複做過幾次之後，就變成了一種習慣。而人的意志也只不過是從我們的日常習慣中成長出來的一種推動力量。

一種習慣一旦在腦中形成之後，這個習慣就會自動驅使一個人採取行動。例如，如果遵循你每天上班的固定路線，過不了多久，這個習慣就會養成，不用你花腦筋去思考，你的頭腦自然會引你走上這條路線。更好玩的是，即使你今天是要去另外一個地方，但是如果你沒有提醒自己，那麼，你將會發現自己不知不覺又走上原來的路線了。

數以百萬計的人之所以生活在貧困中，主要是因為他們誤用了習慣的法則。那些擺脫不掉貧困生活的人很少會知道，他們目前的困境其實是他們自己所造成的後果。

如果你向腦中不斷地灌輸你的能力，最多只能使你賺進多少錢的這種想法，那麼，你所賺的錢將永遠不會超過這個限度。因為，你的潛意識將接受這個限制。你將被「對貧困的恐懼」所嚴密包圍，機會將不再敲你的門；你的噩運將被確定；你的命運將無法改變。

養成儲蓄的習慣，並不表示你將會限制你的賺錢能力。正好相反 —— 你在應用這項法則後，不僅將把偶然性所賺的錢有系統地保存下來，也使你擁有更多的機會，並將使你獲得觀察力、自信心、想像力、熱忱、進取心，領

導才能真正增加了你的賺錢能力。

當你徹底了解習慣的法則之後，由於你已能「開源節流」，所以，你一定能在賺錢這個偉大的遊戲中獲得成功。

2．養成有節制、有計畫分配金錢的好習慣

金錢能買到一條不錯的狗，但是買不到它搖尾巴。揮霍無度的惡習恰恰顯示出一個人沒有大的抱負、沒有希望，甚至就是向失敗自投羅網。

不少青年一踏入社會就花錢如流水一般，胡亂揮霍，這些人似乎從不明白金錢對於他們將來事業的價值。他們胡亂花錢的目的仿佛是想讓別人說他們一聲「闊氣」，或是想讓別人感到他們很有錢。

然而，我們從未見過揮金如土的青年人最後竟能成就大業。揮霍無度的惡習恰恰顯示出一個人沒有大的抱負、沒有希望，甚至就是向失敗自投羅網。這樣的人平常對於錢的收入、支出從來漫不經心、不以為意，從來不曾想到要積蓄金錢。如果要成功，任何青年人都要牢記一點：對於錢的收入、支出要養成一種有節制、有計畫的良好習慣。

不論你收入多少，你總要量入為出，能節省的地方就要盡量節省。任何人都可以根據自己的收入來決定自己的生活支出，這是一條人類生活的規律。

通常，人們總是有辦法使自己的支出少於自己的收入。任何青年人不管每月有多少薪水都不會弄到只夠自己糊口的地步。通常，人們最大的花費倒

241

並不是在維持簡單的生活上，實際上大半都消耗在一些毫無意義的項目上，比如抽菸、飲酒、花天酒地、好賭、空講排場等等，這些都是普通年輕人負債累累的原因。

這些惡習的結果，就是把你弄得一窮二白，到了最後，即便是出賣肉體和靈魂也還不清債務。

有很多年輕人由於揮霍無度的惡習，竟然把自己的前途都抵押出去了。他們全身的服飾都要裝成貴族紳士的模樣，而且要緊跟服裝的時尚。他們整天考慮的事情就是怎樣去花錢。

結果，他們不但債臺高築，而且常常會丟掉好的職位。因此，他們原本更有意義的生活 —— 似錦的前程、快樂的享受和高尚的理想，一切都像落日黃花一樣，悄悄逝去。

那些不願意量入為出的年輕人經常還要遮蓋掩飾，自欺欺人。他們不了解，這樣的習慣會使他們成功的基礎毀滅殆盡，而且將來也無法挽回。你不考慮眼前的問題，認為將來可以從頭做起嗎？你認為今年將田地荒廢不顧，明年仍然可以重新耕種嗎？你認為過了今天還有明天嗎？時間老人是毫不留情的，你一旦造成了錯誤，他決不會再給你一個從頭開始的機會。未來的收穫都得看你年輕時播的種子怎樣；假如你播的是雜草，將來也休想收穫豐碩的果實。

請你牢記這句話：你將來的歡樂和困苦，都取決於你撒下的種子。等到將來，當你走進你的倉庫，看見的是滿倉的糧食還是沒用的雜草 —— 是光榮的成功還是淒慘的失敗 —— 都得看你如今怎樣做。

3．不同的腦袋，不同的錢袋

一個人成功與否就掌握在自己手中。思維既可以作為武器摧毀自己，也能作為利器，開創一片無限快樂、堅定與平和的新天地。窮人只要選擇正確的思維方式並且堅持不懈，就能達到完美的境地，成為富人；如果一味堅持窮思維而不知改變，則只能繼續做窮人。

富人，永遠是窮人的榜樣，富人的口袋裡裝著窮人夢寐以求的東西。

但是，窮人只能看到富人口袋裡的東西，而看不到富人腦袋裡的東西。

其實，什麼樣的腦袋決定自己有什麼樣的口袋，或者說你腦袋裝多少東西，那麼你的口袋就能裝多少東西。

窮人和富人最大的距離就是，富人允許自己的口袋空 —— 但不允許自己的腦袋空；而窮人允許自己的腦袋空，而不允許自己的口袋空。

腦袋和口袋是有區別的，放進腦袋去的東西不但自己跑不掉，別人有再高明的手段也無法拿走。口袋是有縫的，任何一個人在任何時候都可能把手放進口袋，取走裡面的東西。

其實，每個人的腦袋形狀、體積都差不多，就算是有區別，也是大同小異的。最聰明的占 1%，最不聰明的也占 1%，剩下的 98% 都是一樣的。

整個社會的主體不是最聰明的 1%，更不會是最不聰明的 1%，而是占大多數的 98%。許多富甲天下的人，也都是來自這個 98%，許多窮困潦倒的人也在這 98% 中。也就是說，窮人與富人，剛開始的時候腦袋都是一樣的，差別就在於後來。每一個想成為真正富人的窮人，不僅僅要關注富人的口袋，而且更應該關注他的腦袋，特別是富人口袋還沒有鼓起來時的腦袋，看

看他都往自己的腦袋裡裝了些什麼東西。

記住，沒有富腦袋支配的富口袋，總有一天會變成窮口袋的。

但是窮人不要光把目光盯在富人的腦袋上，而是應該放在自己的腦袋上，一旦自己的腦袋富有，那麼我們口袋的富有就是時間的問題了。也只有我們的腦袋富有了，才能真正地駕馭財富，而不被財富所傷。

對於富人來說，金錢從來不是目標，金錢只是工具，然而對那些窮人來講，金錢就是目標，甚至連他們的祈禱都是為了錢。

金錢是工具，而執著於工具就是能夠發生在一個人身上最大的愚蠢，也是最大的禍因。

擁有財富不是成功的終點，如果你從此舒舒服服地躺在家裡，什麼事也不做，一天到晚享用無盡的美食，那你活著有什麼意義呢？

有個人是世界上最好的馴馬師之一，他的財富足以令許多人羨慕。但他每天仍堅持早上三點半起床，他總是第一個到跑道迎接他指導的馬匹。

這是他的習慣。他並沒有因財富的增加而放棄這一習慣，仍然默默地做他認為應該做的事，這也是他能成為所在行業裡的頂尖人物的重要原因。最重要的是，他喜歡這個工作，並以自己喜歡的方式做出了傑出的成就。

所以，那些為沒有金錢而失望的朋友們，請你們不要把金錢看得太重要，錢不是目的。重要的是，選擇自己喜歡的工作領域，把工作作為一種享受。日復一日地在追求事業的過程中，你一定要明確，你要做的不是聚斂財富，而是讓財富為事業服務。

4．從熟悉的領域去賺錢

好習慣不僅是一種美德，而且能夠伴隨成功人士的一生。你若要想成就一番事業，就先要有良好的習慣，並且靠這些良好的習慣去打開財富之門。也就是說把習慣變成金子。

美國有一位富翁名叫辛普洛特（J. R. Simplot），他的發跡經歷可以分為三個階段，而每個階段都是圍繞平常的馬鈴薯做文章，而且都取得了成功。

第一階段是在第二次世界大戰期間。辛普洛特獲知作戰部隊需要大量的脫水蔬菜。他認定了這是一個絕好的賺錢機會，便買下當時美國最大的一家蔬菜脫水工廠，專門加工脫水馬鈴薯供應軍隊。

第二階段起始於 1950 年代初。當時有家公司第一個研製出了凍炸薯條，但許多人都輕視這種產品，有人說：「馬鈴薯中水分占整個馬鈴薯的 3/4 還多，假如把它冷凍起來，就會變成軟乎乎的東西。」辛普洛特卻認定這是一種很有潛力的新產品，大量生產。果然不出所料，冷凍炸薯條在市場上很暢銷，很快成為他贏利的主要來源。

後來，辛普洛特發現，「炸薯條」並沒有把馬鈴薯的潛力徹底挖掘出來。因為經過炸薯條的精選工序 —— 分類、去皮、切條和光感測器去掉斑點，每顆馬鈴薯大概只有一半得到利用，剩餘的通常都被扔掉。辛普洛特想，為什麼不能把馬鈴薯的剩餘部分再加以利用呢？不久，他把這些土豆的剩餘部分摻入穀物用來做牲口飼料。

1973 年石油危機爆發，成就了辛普洛特的第三次創業。他瞄準替代能源發展的大好時機，用馬鈴薯製造出以酒精為主要成分的燃料添加劑。這種添

加劑可以提高辛烷燃燒值和降低汽油的汙染程度，頗受使用者歡迎。為了做到物盡其用，辛辛普洛特的發跡經歷詮釋了「不熟不做」的成功之道。

常言說：隔行如隔山。此言不假。若是在其他場所，僅僅是不懂而已，也沒什麼。但在生意場上，就意味著血本無歸了。看到別人做生意是賺錢的，等到自己做了，就只有賠錢的份了。

做生意比其他事情難度大多了。不熟悉行業的不用說，就算你是熟悉這個行業的，比如電腦，原來是做技術或其他的，儘管對於電腦這方面相當熟悉。但實際做起生意來，還是有很大差別的。原來，你當初接觸的，是從技術的角度看問題的，你僅僅接觸到你所使用的一兩臺電腦設備的性能。但做生意是從市場的角度看問題，它需要知道與之相關的所有電腦配件的行情。你可以不十分了解其中的技術性能，但你必須知道在目前市面上，所有與之相關的產品的市場、行情、性能等等。如果說其他工作種類接觸的是「點」的話，那麼做生意接觸到的應該是「面」了。

要成為一個成熟的商人，你要學會放棄那些你不熟悉的行業，千萬不要輕易進入。如果把有限的資源投入到自己不熟悉的行業，去跟不熟悉的對手競爭，無疑是自尋死路。

5・養成計劃家庭理財的好習慣

資訊時代，選擇適合的多種投資方式，對新婚夫婦來講尤為重要。許多人對保險不感興趣，認為保險的收益太低，寧肯把資金投在風險相對較高的股票、債券等項目上。其實，真正懂投資的人都知道：要選擇適合的多種

投資方式。

「家庭財務檔案」，最好分為三部分。第一，就是我們常說的帳本，記錄一切日常收支；第二，設立發票檔案本，收集購物發票、合格證、保修卡和說明書等；第三，建立金融資產檔案本，將存摺、股票、債券等的原始資料記載入冊，萬一遭遇存單遺失或被盜時，可及時查驗並掛失。

習慣用電腦的女性不妨設立電腦帳本。可以從網上下載一些免費的個人帳務管理軟體，或者只用簡單的 Excel 表格管理，每天花幾分鐘時間，把當日收支按項目、收入、支出、結餘欄分別記錄，到月底把收支按性質進行匯總，就可以有一個很清晰的帳務。

假如懂一點簡單的會計常識，你可以編制「家庭資產負債表」，它一般由三個部分組成 —— 資產（金融資產與實物資產）、負債（要購買和要還貸的部分）、所有者權益（資產減去負債），以充分地反映家庭資產現狀和家政管理業績。

根據一項調查顯示，約七成的夫婦在婚後遇到的第一個考驗都是和金錢有關的。雖說金錢買不來愛情，可也不能讓金錢腐蝕了愛情。

快樂婚姻往往來自於周密的理財計畫支持。不用擔心，這些現實而周全的考慮並不會影響你們的浪漫，上好這 6 堂課，會使你們陶醉在兩人世界的溫馨中。

(1) 溝通理財觀

生長背景不同，消費習慣也不盡相同，所以，協調兩人對金錢、儲蓄、開支的觀念很重要，這些婚前就應有一定了解。婚後，即使你覺得對方過於節儉或無度消費，也不要太多干預，要循序漸進地改變和適應。

（2）共用銀行帳號

當然，你們仍然可以擁有各自的銀行帳號，但設立一個共同銀行帳號仍然十分重要，這可以有一種家庭共同資產的感覺，其前提條件是你們倆都可以從中隨意存取。不過，每月你們倆各自考慮存入多少錢以及取款的用途，也都應讓對方清清楚楚。

（3）設立記帳本

透過記帳的方法，使雙方掌握每月的財務收支情況，對家庭的經濟收支做到心中有數。同時，透過經濟分析，不斷提高自身的投資理財水準，使家庭有限的資金發揮出更大的效益，以共同努力建設一個美滿的家庭。只有合理地安排收入，量入為出，才能真正享受金錢帶來的快樂。

（4）及早設計未來

每個人都要有目標，不過現在最為不同的是，它應該成為兩個人共同的目標。計畫中的理財目標應該是切實可行的，一般分成三階段：短期（少於3年）、中期（3到10年）、長期（10年以上），分階段使事情更直觀，「在未來3年內買車」比「我們要買車」就要詳細得多。

（5）建立應急現金儲備

雖然你們倆每月都有著不錯的收入，但在實際生活中時常可能會遇到一些突發事件，所以建立一個應急的現金儲備很必要。從具體的數額來說，家庭三個月所需的日常開支應是其保底線，當然你們也可多準備一些以備不時之需。

(6) 選擇適合的多種投資方式

資訊時代，選擇適合的多種投資方式，對新婚夫婦來講尤為重要。許多人對保險不感興趣，認為保險的收益太低，寧肯把資金投在風險相對較高的股票、債券等項目上。其實，真正懂投資的人都知道：要選擇適合的多種投資方式。

把資金四等分，平均投資在股票、債券、房地產和保險上，當前面一項獲得高收益時，保險正好幫助節稅；當前面三項遭遇失敗時，保險又能及時保障生活經濟來源，或提供東山再起的資金。

看看你們倆的保險、投資或其他一些共用計畫是否有重疊的地方，如果有重疊就是一種浪費了，應該立刻解除掉它才可以使你們的利益最大化。

6 · 把「死」錢變「活」錢

裝滿錢的錢包令人滿足，但只滿足了一個吝嗇守財的靈魂，此外別無意義。我們從所得當中存下來的錢，只不過是個開始罷了。用這些儲金所賺回來的錢，才能建立我們的財富。

讓我們來看看這位商人是如何運作儲蓄的？

阿來第一樁有獲利性的投資，是把錢借給一個名叫加爾的商人，他每一年都購買好幾艘船從海外運來的銅，然後進行買賣。由於缺乏足夠的資金購買這些銅，加爾向那些有餘錢的人賒借。他是個老實人，在他賣掉銅貨之後，凡他所借的最後必定償還，且支付利息。

每次阿來借錢給加爾，同時收回利息。因此，不只他的資本增加了，這

筆資本所賺的利息也不斷累積。最令他高興的還是，這筆錢最後又回到了他的口袋。

　　一個人的財富不在於他錢包裡的錢有多少；而在於他所累積的收入、源源不絕流入口袋的財源，並能常保口袋飽滿。這是我們每個人都渴望的；無論你工作或去旅行，你的口袋都不斷有進帳。阿來已經得到了大筆的所得，阿來已被稱為富翁。他借錢給加爾，是他第一次從事有獲利性的投資。從這次經驗中獲得智慧後，隨著資金的增加，他借出去的金額和投資愈益擴大。起初只借給一些人，後來借給許多人，這樣明智的理財，使錢源源不絕流入他的口袋。

　　要想獲得財富，不妨丟棄現實利益，以圖長遠發展。那種急功近利，為了獲得眼前利益而把長遠利益放棄的做法其實最愚蠢的。

　　有一位農夫在他的長子出生之後，拿了 10 塊銀元給經營貸款業務的錢莊老闆，要求老闆替他放款，直到他兒子 20 歲為止。老闆答應每四年給他二成五的利息。農夫要求說，因為這筆錢是準備存給他兒子用的，因此利息全都歸到本金裡面。當這男孩 20 歲時，農夫向錢莊老闆索回這筆錢。老闆解釋道，由於這筆錢是以複利計算，因此原先的 10 塊銀元現在變成了 31 塊銀元。農夫非常高興，但由於他兒子還用不到這筆錢，因此農夫繼續將錢放在錢莊。到了這兒子 45 歲時，農夫過世了，錢莊老闆結算這筆錢給農夫的兒子，共得 167 塊銀元。

　　依次算來，這筆銀元 45 年間靠利息增加了將近七倍！動用每一分錢，輾轉生出利息，幫你帶來收入，使財富源源不絕流入你的口袋。

　　俗話說得好：「不要把雞蛋放在同一個籃子裡。」投資也一樣，你可以選擇幾種有前途的投資途徑，對你的資金進行合理的安排。

　　錢是人類的好朋友，尤其是你需要它幫你賺錢的時候，根本不需費一絲一毫的心力，它就能幫你把更多的錢放入自己的口袋裡。舉例來說，你把500元存入一個年率為5%的定期帳戶裡，一年之後，你不需要幫人除草，也不需要代人洗車，你的錢就幫你賺進25塊錢了。

　　25塊錢看起來沒有什麼了不起，但是如果你每年存500元，長達10年，讓這5%的利息利上滾利，10年之後，你的帳戶裡連本帶利就會有6,603.39元了。

　　如果你每年投資500元於股市，即使你到外地度假，這筆錢仍將為你賺進大的財富。平均來說，這筆錢每7至8年就會增值一倍，當然，前提是你投資在股票裡，許多聰明的投資人早就學會了這點。

　　巴菲特是當今全球首富之一，他的致富祕訣就是將錢投資在股票裡。他和美國許多孩子一樣，都是從送報生開始做起的，但是，他比別人更早了解金錢的未來價值，所以，他珍惜來之不易的每分錢。當他看到店裡賣的400元電視時，他看到的不是眼前的400元價格，而是20年後的400元的價值。因此，他寧願做投資，也不願意買電視。這樣的想法使他不會隨意將錢花費在購買不必要的物品上。

　　如果你很早就開始儲蓄並投資，當你存到一定程度之後，就會發現你的錢會自動幫你準備好生活所需花費。這就像你生在一個好人家，有一個富有的親戚會每月固定送上生活所需一樣，你甚至不需要感謝他們，就是在他們生日時去應酬一下，這不正是許多人夢寐以求的境界嗎？此時，你完全享有經濟獨立，做想做的事，去想去的地方，讓你的錢留在家裡，代你上班賺錢。當然，如果你沒有及早儲蓄，也沒有每個月固定撥出一筆錢做投資，那麼這一切將永遠只是一個夢想。

　　我們會有幾種情況：一種是你一邊儲蓄一邊投資，你會有所收益；另一種情況是你把所有的錢都花光；還有一種情況是你把所有的錢花光，並且欠了信用卡公司一大筆債，在這種情況下，你必須付出一筆利息，也就是你不是讓你的錢去賺錢，而是讓他人來賺你的錢。在面對這三種情況選擇時，一個人的財商（FQ）就會影響一個人理財方式，財商高的人，無可非議會選擇第一種情況。

7・發揮你的財商，提高生活品質

　　翻翻《富爸爸，窮爸爸》一書，對財商有這樣的定義：「財商不是你能賺多少錢，而是你能保有多少錢，錢為你工作的努力程度，以及這筆錢能維持多少代。」

　　因此，錢場上的輸贏得失並不重要，重要的是善於從錢盈錢虧中累積理財的智慧，捕獲世相的因果，從而擁有永遠蓬勃的財商，盡可能多把握一生中與財富的緣分。因為財富的因果之鏈，不僅僅展現在個人的經濟活動裡，更是和整個繽紛世界休戚相關，如同著名的「蝴蝶效應」所說的，今天上海有一隻蝴蝶在拍動翅膀，也許會引起明天洛杉磯的一場大雪。

　　可是，大多數人在私人財務上拚命掙扎的原因，是在於他們懶得啟動自己的頭腦，安於聽從那些跟他們一樣對貨幣一竅不通的人的鼓噪，這期間的危害性，就好比盲人給盲人帶路。

　　時間一長，連智商都退化得差不多了，還奢談什麼財商？假如智商是先天的，那麼財商則需要後天培育。大多數人不是缺錢而是缺觀念，也就是說

缺少財商觀念，這種觀念本來天生就有，只是被自己忽視了。

財商可以透過後天的專門訓練和學習得以改變，改變你的財商，可以連動地改變你的財務狀況。

財商是一個人最實際需要的能力，也是最被人們忽略的能力。可以想見，一個漠視財商的人，一定是現實感很差的人。

財商並不僅是人們現實的唯一能健康發展的智慧，而且是人為觀念和智慧中的一種，當然是非常重要的一種。

財商常常被人們急需，也被忽略。財商不是孤立的，而是與人的其他智慧和能力密切相關的。

對財商教育的重視，並不意味著赤裸裸的追求金錢。很多人雖然擁有很高的教育水準，卻缺乏一些最基本的理財知識。因此大多數時，我們不是缺少錢而是缺少一種觀念。

許多終日為錢辛苦、為錢忙碌的上班族，都曾有過一些共同的體驗，眼看著成功人士穿著高級服飾、住在豪華別墅、開著名轎車而羨慕不已。然而在欣羨之餘，他們可能曾經想過：

「是什麼因素使得他們能夠擁有財富，而我卻沒有？」不少人將致富的原因直接歸因於他們生來富有、他們創業成功、他們比別人聰明、他們比別人努力或是他們比別人幸運；但是，家世、創業、聰明、努力與運氣，並無法解釋所有致富的原因，我們可以看到許多成功者，他們並非出身在有錢人家，人也不見得很聰明，並沒有都受過什麼高等教育，他們唯一比你強的，似乎只是他很有錢。

一次調查結果表明有 47% 以上的受訪者認為「炒作股票或房地產」是貧富差距拉大的主因；其次是「個人工作能力與努力」（34%）；第三是「家庭

原因」（19%）。根據調查結果可以發現，大部分的受訪者，認為造成貧富差距越來越大的主因並非個人努力的成果，而是由於運氣、機會等不公平遊戲的結果。

的確，造成貧富差距擴大的直接原因是「股票與房地產」、「個人工作能力與努力」、「家庭原因」，但是這些都是表面現象。人們習慣將貧窮的原因歸咎於外在的因素，例如：制度、運氣、機會等，或者用負面的說詞，為自己無所作為開脫。他們認為有錢的人大多是因為投資房地產或股票而致富，而造成財富增加的主因是因為「擁有適當的投資」（如投資房地產和股票）。

那麼我們更深入一步提問，為什麼他們擁有資金來投資房地產和股票，他們又是如何操作使他們能夠不斷賺錢的？到底那些富人擁有什麼特殊技能，是那些天天省吃儉用、日日勤奮工作的上班族所欠缺的呢？他們何以能在一生中累積如此巨大的財富呢？

所有這些問題都不是用家世、創業、職業、學歷、智商與努力程度等因素能解釋得了的。專家們經過觀察、歸納與研究，終於發現一個被眾人所忽略但卻極為重要的原因，那就是：財商。每個人的財商的高低是能否成功致富的關鍵所在。

每個人都有一個成功的夢想、一個財富的夢想。在市場經濟社會裡，金錢從某種意義上是成功的一種展現，財富也自然成為衡量成功的一個尺規。

不同的人有不同的追逐財富的方式，那麼如何衡量一個人的理財能力呢？以往人們更多的是根據財富的多少來評價一個人的能力，但往往只能看到結果，而不能預先做出相對準確的評估。財商（FQ）則提供了一個新的方向，來衡量一個人的理財能力和創造財富的智慧。

什麼是財商呢？羅伯特‧清崎認為，財商（FQ）是指一個人在財務方面

的智力，是理財的智慧。財商包括兩方面的能力：一是正確認識金錢及金錢規律的能力；二是正確使用金錢及金錢規律的能力。財商不僅是人們現實生活中唯一能健康發展的智慧，而且是人為觀念和智慧中的一種，當然是非常重要的一種。財商常常被人們急需，也被忽略。財商不是孤立的，而是與人的其他智慧和能力密切相關的。事實上，財商與智商、情商一樣，都是一種指導人們行為的無形力量。而財商，也是可以透過學習來獲得的。財商可以透過後天的專門訓練和學習得以改變，改變你的財商，可以改變你的財務狀況。財商是一個人最需要的能力，也是易被人們忽略的能力。可以想像，一個漠視財商的人，一定是現實感很差的人。

羅伯特‧清崎不僅提出了財商的概念，而且還發現了一種提高財商的方法。他發明了一種名為「現金流」的紙板遊戲，教人們迄今為止只有富人所知的金錢遊戲。

阿利希‧韋茲先生，年齡 50 歲，是一個傢俱經銷商，他的年度總收入為 10.25 萬美元。阿利希‧韋茲先生擁有的淨資產，按財富方式來計算，預期為 50.22 萬美元，但他是一個財富累積的能手，他的實際淨資產為 100 萬美元。

另一位羅伯特‧哈威先生 51 歲，是一位大學教授。他上一年度的收入為 10.75 萬美元，比阿利希‧韋茲先生略多。羅伯特‧哈威先生的實際淨資產多少呢？他的預期財富水準又怎樣呢？福特先生的實際淨資產是 23.25 萬美元，按財富方式來計算，預期為 48.36 萬美元。按照我們的定義，羅伯特‧哈威先生財商較低，他一直在大學裡任教，怎麼所有財富還不如一個傢俱經銷商多呢？實際上，阿利希‧韋茲先生的淨值將近羅伯特‧哈威先生的 5 倍，我們可以考慮下面的兩個問題：維持一個教授及其家庭中級消費水準生

活方式需要花費多少錢？維持一個傢俱經銷商及其家庭中級消費水準生活方式甚至藍領階層的生活方式需要花費多少錢？很明顯，羅伯特‧哈威先生身為一個教授，要花多得多的家庭收入去維持和展示他們家庭較高的中級水準的生活方式。哪一種品牌的汽車才能與教授的地位相稱呢？毫無疑問，是豪華汽車。誰每天都要穿高品質的服裝去工作呢？誰需要去參加一個或多個鄉村俱樂部呢？羅伯特‧哈威先生，這位低財商者，比起那些高財商者，有著強烈得多的消費偏好。低財商者大多過著入不敷出的生活，他們強調消費，貶低那些構築財富大廈的關鍵因素，最後所得的結果就是，高財商者成為擁有財富的人，而低財商者卻總是為錢而困惑。

習慣十四 與人合作

　　要想成就事業，就應善於培養合作的習慣。勇於合作，需要有一種主動、積極的態度，不僅僅是與我們所喜歡的人，也包括我們不喜歡的人，因為每個人身上都有我們值得學習的東西。成功之人不但有良好的與他人合作的精神，更有與他人開展良好合作的習慣。

1‧合作 —— 取人之長，補己之短

> 單個人的力量是有限的，只有與人合作，取人之長，補己之短，才能互惠互利，雙方都從中獲益。

從前，有兩個飢餓的人得到了一位長者的恩賜：一根魚竿和一簍鮮活的魚。其中，一個人要了一簍魚，另一個要了一根魚竿，於是，他們分道揚鑣。

得到魚的人原地就用乾柴搭起篝火煮起了魚，他狼吞虎嚥，還沒有品出鮮魚的肉香，連魚帶湯就被他吃了個精光，不久，他便餓死在空空的魚簍旁。另一個人則提著魚竿繼續忍飢挨餓，一步步艱難地向海邊走去，可當他看到不遠處那蔚藍色的海洋時，他連最後一點力氣也使完了，他也只好眼巴巴地帶著無盡的遺憾撒手人寰。

又有兩個飢餓的人，他們同樣得到了長者恩賜的一根魚竿和一簍魚。

只是他們並沒有各奔東西，而是商定共同去找尋大海。他倆每次只煮一條魚，經過遙遠的跋涉，來到了海邊，從此，兩人開始了捕魚為生的日子。幾年後，他們蓋起了房子，有了各自的家庭、子女，有了自己建造的漁船，過上了幸福安康的生活。

這則小故事告訴我們，每個人的力量都是有限的，要想到達目的地，與人合作是非常必要的。

每個人的能力總是有限的，有些人精力旺盛，認為沒有自己做不到的事。其實，精力再充沛，個人的能力還是有一個限度的，超過這個限度，就是人所不能及的，也就是你的短處了。每個人都有自己的長處，同時也有自

己的不足，這就要求我們要養成合作的習慣。只有與人合作，才能用他人之長來補己之短，

人的性格和能力是有差別的，這些差別是長期養成的，不能說哪一種類型就一定好，哪一種類型就一定壞。正是這些不同，每個人所能從事的工作性質就不一樣，要想有所作為，首先得明白自己的性格和能力，然後選定一個適合你自己的工作。在與人合作時，也應注意分析別人的性格特點，盡可能使每個人都能找到適合於自己的工作。也就是他能彌補你的短處，你能補救他的不足。

只有充分發揮自身優勢並能利用他人的優勢來彌補自己不足的人，才會在今天的社會中取得成就。

現代社會是一個充滿競爭的社會。「物競天擇，適者生存」，可以說，競爭是無處不有、無時不在。競爭者與合作者身為競爭與合作的主體及對象，與競爭合作相伴而生，相伴而滅。

合作與競爭看似水火不相容，其實不然，合作與競爭有許多相通的地方。合作與競爭，可以說伴隨著人類社會的出現而出現。合作與競爭不僅沒有削弱、消亡，相反，隨著時間的推移和社會的進步，合作與競爭的趨勢在增強。而且，隨著人類生存空間的不斷拓展，交往範圍的不斷擴大，人與自然鬥爭的不斷深化，科技的不斷發展，合作與競爭的關聯還將日益加強。在知識經濟時代，高科技的發展水準和發展速度已經超出了人們的想像，通信、交通等的發展使人們之間的溝通與交流變得空前容易，不論是國與國之間、組織與組織之間，抑或是具體的個人之間，競爭與合作已經成為不可逆轉的大趨勢。在這樣的一個時代裡，進行交流與合作的成本將大幅度降低，而效率則將大幅度提高。實際上，封閉的個人和孤立的企業所能夠成就的

「大業」將不復存在，合作與團隊精神將變得空前重要。缺乏合作習慣的人將不可能成就事業，更不可能成為知識經濟時代的強者。人們只有承認個人智慧的局限性，懂得自我封閉的危害性，明確合作的重要性，才能有效地以合作夥伴的優勢來彌補自身的缺陷，增加自身的力量，才能更好地應付知識經濟時代的各種挑戰。

　　一個人，強調個性、自我，更應當強調合作，抱團打天下，是時代的鮮明特徵。哪怕是最講究個性的創新活動，也離不開合作，合作習慣，直接決定著創新的成效。Windows 2000 研發，有超過 3,000 位開發工程師和測試人員的參與，寫出了 5,000 行代碼。沒有合作的習慣，沒有全部參與者的分工合作，就根本不可能完成，就不能做成大事。

　　朋友之間的合作，同事之間的合作，還指個人與企業或其他組織之間的合作，與本地區的合作，跨地區、跨省甚至跨國的合作。合作的範圍越廣，合作的境界越高，生存的空間越大，獲取的能量就越大。

　　很多人進入了一個誤區，只願意與親戚、朋友合作，憑著自己的好惡取捨合作，這是一般人有意無意奉行的「原則」。依此「原則」行事，你的合作圈就大大縮小了，機遇光臨的機率也必然大大減少。那種特別對你的脾氣、特別合你的胃口的人，實在是太難找了。在社會這個大環境中，什麼樣的人都有，什麼樣的人都有需要合作的時候。因此，必須學會跟各式各樣的人合作，包括與競爭對手合作。

　　今天，是全球經濟一體化的時代。每個時代具勇敢進取精神的人都要適應「全球一體化」的趨勢，更需要合作能力，特別是需要學會在多元化的團隊中合作。這種合作，難度就更高了 —— 必須與不同膚色、不同文化、不同信仰、不同價值觀、不同生活方式的人，甚至包括與你有利益衝突的人都能

進行良好的溝通，都能融洽地共事。

今天的時代是市場經濟時代，市場經濟是廣泛的交往經濟，離不開與各種類型人的合作；今天的時代是競爭時代，只有選擇合作，才能成為最具競爭力的一群。

2‧合作夥伴是你的左膀右臂

> 俗話說，一個籬笆三個樁，一個好漢三個幫。由於現代社會的激烈競爭，一些能夠賺錢的行業早已人滿為患，競爭的對手很多。所以，單靠一個人去單槍匹馬闖天下其難度不小。即使你深諳經營之道，你也需要有人在關鍵的時候來拉你一把。因此，你就需要找一個創業夥伴與你一起打天下。

現代社會許多成功的實例告訴我們，創業首先需要信任與合作來完成整個過程。有的時候，即使這件事情能夠一個人完成，但你也許在某一方面有特長，在另一方面卻很弱，而創業需要你具有各方面的素養與能力，如果你有一個創業夥伴的話就可以互相彌補彼此的不足，比如微軟公司的蓋茲和艾倫，就在創業的過程中起到了一個優勢互補的作用，使兩個人的優點都發揮到了極致，可以說是相得益彰。

或許有人說，不是有許多「創業經」上說做生意賺錢的上策是獨立經營嗎？

這種想法也許是對的。你想，小本生意剛剛開始，免不了整天要和錢打交道，和錢打交道容易產生矛盾，天長日久，難免會出現這樣那樣的矛盾和糾紛，如果真是這樣，生意肯定會受到負面影響，甚至到最後關門了事。

　　但是，我們要看到，社會畢竟發生了很大變化，創業時所需要的資金、技術、人力、物力、市場等一系列東西都發生了變化，社會也把社會成員通過這樣那樣的關係「套」得越來越緊，靠一個人單槍匹馬闖天下的難度日益加大，成功的機率卻在減小。

　　其次，現在創業做生意、辦公司，所需要的資金也越來越多，即使是規模很小的公司，沒有幾十萬元根本就無法啟動，這還只是起步資金，如果公司進入到運作經營階段，所需要的資金會更多。儘管創業有時候的確需要一種破釜沉舟，甚至是置之死地而後生的精神，但是，你如果將你的全部家當都押上去，萬一失敗你和你的家人連基本的生活都成問題，這未必就是一個好方法，因為你的公司繫著你、你的家人所有的希望，在經營的時候你的心態也就難免會發生變化，影響你的經營效果。但你如果有一個合作夥伴則大不同了，起碼你們可以分擔風險。

　　這並不是要將禍水轉嫁於別人，與人合作創業，風險共擔，利益分享，這不是什麼令人不齒的事情。

　　再次，在你和你的創業夥伴合作的時候，你可以累積許多與人打交道的經驗，這也是創業給你帶來的一份財富。做生意、辦公司，說起來是跟錢打交道，實際上是在與人打交道。在市場風雲變幻的今天，如果你只是想著自己賺錢發財，而不想與人合作，一個人獨往獨來，往往會失去很多賺錢的機會。不跟別人搞合作，過分強調自己獨立經營，結果是自己在市場上遇到困難卻得不到別人的幫助，身陷迷途卻聽不到理性的呼喚。

　　可見，你如果要創業，而對自己的資金、能力、技術等等方面有所擔心的話，找一個理想的合作夥伴是一件很好的事情，將有助於成功創業。

　　那麼，接下來的問題是，你如何選擇創業的夥伴？選擇怎樣的合

作夥伴？

　　合作是一種契約，契約也就是合約。它規定了訂立契約或合約的人相互之間的義務和權利。比如說，合夥人彼此之間出資的比例、利潤的分配方法、不同的合夥人應該承擔的債務份額、合夥人各自在企業中的地位等等。這樣，根據契約人的關係，合夥人也可以分為好幾種形式：普通的合夥人，名義的合夥人，有限的合夥人，祕密的合夥人，匿名的合夥人，不參加管理的合夥人，參加管理的合夥人等等。

　　在創業的時候選擇合夥人，絕不能只憑感覺辦事，也不能只是抱著試試看的態度，一定要謹慎從事，要有端正的態度，必須從多方面考慮自己，考慮自己的真正需求，同時，也必須充分考慮到創業的環境和自己切身的利益。

3・善於與人「牽手」

> 借風使舵，借梯登高，辦大事，成大器，自己力量不夠時，不要硬撐著，該借就借。

　　一個人的能力是有限的，只有善於與人合作的人，才能彌補自己能力的不足，達到自己原本達不到的目的。只要有心與人合作，善於利用他人的力量和幫助，你就能省下很多力氣。

　　合作的習慣，是取得成功的最佳工作方式，因此，凡是成大事有「手腕」者，都力圖透過合作的方式來成就自己。

清末名商胡雪巖，自己不甚讀書識字，但他卻從生活經驗中總結出了一套哲學，歸納起來就是「花花轎子人抬人。」他善於觀察人的心理，把士、農、工、商等階層的人都聚攏起來，以自己的經濟優勢，與這些人協同作業。由於他長袖善舞所以別的人也被他的行為所打動，對他產生了信任。他與漕幫合作，及時完成了糧食上交的任務。與王有齡合作，王有齡有了錢在官場上混，胡雪巖也有了機會在商場上發達。如此種種的互惠合作，使胡雪巖這樣一個小學徒工變成了一個執江南錢莊業之牛耳的鉅賈。

能力有限是我們每個人的問題。但是只要有心與人合作，善於利用他人的力量和幫助，那就可以取人之長，補己之短。而且能互惠互利，讓合作的雙方都能從中受益。

透過借用別人之力來實現自己的願望這是一種智慧，雖然我們不能每個人都做到這一點，但每個人都可以與人合作，攜手做出更大的事業。

但是有些年輕人卻信奉另外的一種哲學。他們認為，財富總是有一定的限度，你有了，我就沒有了。

這是一種享受財富的哲學而不是一種創造財富的哲學。財富創造得來固然是為了分享，但是我們的注意力並不在這裡，我們更關注的是財富的創造。

同樣大的一塊蛋糕，分的人越多，自然每個人分到口的就越少。如果斤斤計較這些，我們就會相信享受財富的哲學，我們就會去爭搶食物。但是如果我們是在聯手製作蛋糕，那麼，只要蛋糕能不斷地往大處做，我們就不會為眼下分到的蛋糕大小而倍感不平了。因為我們知道，蛋糕在不斷做大，眼下少一塊兒，隨後隨時可以再彌補過來。而且，只要聯合起來，把蛋糕做大了，根本不用擔心能否分到蛋糕。

過去農村閉塞，獲取財富極端困難。一生中難得有一桌一椅一床一盆一罐。所以那時農村分家是件很困難的事情。兄弟妯娌間為了一個小罐、一張小凳子，便會惡言相向，乃至大打出手。這是一種典型的分財哲學。

後來人們走出來了，兄弟姊妹都往城裡跑，財富累積越來越多。回過頭來，發現各自留在家裡的親眷根本犯不著為一些雞毛蒜皮的事生氣。相反，嫂子留在家裡，屬於弟弟的田不妨代種一下，父母留在家裡，小孫子小外孫也不妨照看一下。相互幫助，盡量消除出門在外的人的後顧之憂。反過來，出門人也會感謝老家親戚的互相體諒和幫助。一種新的哲學也就誕生了，這種哲學就是：你好，我也好，合作起來更好。

一個人，首先要養成與人合作的良好習慣，才會在事業發展中獲得他人的幫助，才能與他人攜手共建未來。

朱光潛曾告誡我們與人合作，品格是最主要的。他還認為養成合作的習慣還不算成功，更重要的是要有好的品格來維繫這一合作習慣，使之不斷完善和提升。

做人應以誠信為本，合作中亦然。只有真誠才能贏得別人的信賴。荀子說：「人，力不若牛，走不若馬，而牛馬為所用，何也，曰：人能群，彼不能群也。」

既然與人交往是人的一種本能，與人合作又是快樂的源泉，那就應把它融於工作之中，建立良好的合作關係，在合作中體味成功的快樂，展現良好的品格。

4‧他山之石，可以攻玉

沒有人能夠不需要任何說明而獲得成功。因為個人的力量畢竟有限，所有的偉大人物，都必須靠他人的幫助，才有發展和壯大的可能。

　　有一位農夫，聽說某地培育一種新的玉米種子，收成很好，於是千方百計買來一些。他的鄰居聽說後，紛紛找到他，向他詢問種子的有關情況和出售種子的地方，這位農夫害怕大家都種這樣的種子而失去競爭優勢，便拒絕回答，鄰居們沒有辦法，只好繼續種原來的種子。誰知，收穫的時候，這個農夫的玉米並沒有取得豐收，跟鄰居家的玉米相比，也強不到哪裡去。為了尋找原因，農夫去請教一位專家。

　　經專家分析，很快查出了玉米減產的原因：他的優種玉米接受了鄰人劣等玉米的花粉。

　　農夫之所以事與願違，是因為他不懂得這樣一個簡單的生活道理：給予總是相互的。我們都不是孤立地存在於社會之中的，我們都需要給予和接受。

　　有一個猶太人在將死的時候被帶去觀看天堂和地獄，以便比較之後，能聰明地選擇他的歸宿。他先被帶去看了魔鬼掌管的地獄。他第一眼看上去就覺得十分吃驚，在地獄裡放著一張直徑兩公尺的圓桌，桌面上擺滿了美味佳餚，包括肉、水果和蔬菜。圍著桌子坐了一圈人，但是，桌子旁邊的那些人，沒有一張笑臉，也沒有盛宴上的音樂或狂歡的跡象。這些人看起來很沉悶，無精打采，而且每個人都瘦成皮包骨。猶太人發現地獄裡的每個人的手裡都拿著一把兩公尺長的叉子。按要求這些人只能用叉子取食桌上的東西。

將死的猶太人看到，地獄裡的人都爭先恐後地叉菜，但是因為叉子太長不能把菜送到嘴裡，所以即使每一樣食物都在他們的手邊，但結果就是吃不到，一直在挨餓，因此他們急得都快發瘋了。

猶太人又去了天堂，天堂裡的景象和地獄裡完全一樣：同樣也放著一張直徑兩公尺的圓桌，桌面上也擺滿了美味佳餚，同樣也是兩公尺長的叉子，然而天堂裡的人卻都在唱歌、歡笑。這位參觀的猶太人很困惑，為什麼情況完全相同，而結果卻完全不同呢？後來他看明白了；地獄裡的每一個人都是在餵自己，但兩公尺長的叉子根本不可能讓自己吃到東西；而天堂裡的每一個人都在用叉子叉菜餵給對面的人吃，同時自己也被對面的人所餵，因此，每一個人都吃得很開心。因為天堂裡的人都懂得：因為幫助了他人，所以就是幫助了自己。換一種方式善待別人，能使自己和他人都快樂。

這個故事使每一個凡人都獲得一種感悟：沒有人能夠不需要任何說明而獲得成功的。因為個人的力量畢竟有限，所有成功的人物，都必須依靠著他人的幫助，才有發展和壯大的可能。

有句俗話說得好：三個臭皮匠，勝過一個諸葛亮。

在現代生活裡，競爭越來越激烈，你更不可能完全憑藉自己的力量來完成某項事業，沒有人能獨自成功。相反你應該利用集體的力量，團結合作是獲得成功的關鍵。

合作的確是成就事業的一種方式，如果能養成「他山之石，可以攻玉」的合作之道，這樣的人定會成為富有之人。

現代社會是一個錯綜複雜緊密關聯的社會，獨行俠式的人物早已不再為這個社會所接受，創富者既要會建立橫向的關聯，又要會建立縱向的關聯。創富不能光靠自己的力量，還要借助他人之力。

強者與強者之間，合作，彼此都有利可賺；孤軍奮戰，彼此都是勁敵。

美國通用汽車公司是世界上最大的汽車公司之一，在它的發展歷程中，經歷過風風雨雨。1980 年代末，通用汽車開始走下坡，推行所謂「當代領袖計畫」也徒勞無功。1993 年，在重重危機之中，通用公司董事會爆發了一場「政變」，55 歲的傑克‧史密斯被推到了總裁寶座，他大膽進行變革，才使通用汽車再現輝煌。

在過去的 10 年中，通用汽車被日本的豐田、本田汽車侵占了不少市場，通用汽車與豐田汽車成了一對最大的冤家。進入 1990 年代後，這對最大的冤家也化敵為友，聯手合作。這一聯合戰略，使得通用汽車實力大增，促進了它大闊步向前發展。

日本豐田汽車公司成立於 1938 年，它是由豐田自動織布機製造廠老闆的兒子豐田喜一郎創建的。在公司成立之前，豐田喜一郎研究了一臺從美國買來的汽車發動機，經過幾年的研究，他於 1935 年製造出了第一輛豐田卡車。豐田汽車創辦之初，大量使用了福特車和雪佛蘭的物件。

1957 年，「豐田」小轎車正式對美出口，但整個年度只賣掉 288 輛。接著陸續向美國推出的 Crown、 Corona，戰線依然不佳。美國的三大汽車公司福特、通用、克萊斯勒都沒有把日本人放在眼裡。

然而，日本人並不氣餒，豐田公司「十年磨一劍」，他們於 1966 年推出世界級名車 Corolla，再度進軍美國市場。 Corolla 很受美國人歡迎，很快攻下美國這個通向汽車世界市場的灘頭堡。

進入 1970 年代，兩次石油危機的爆發，使經過充分改進的「豐田」小型轎車，以節省能源等巨大優勢，向美國發起了全面的進攻，爭奪汽車市場占有率。

　　日本汽車在美國大獲全勝，使世界汽車行業的座次重新排定：第一是通用汽車公司，第二是福特汽車公司，第三是日本豐田汽車公司，第四是日本日產汽車公司。美國汽車業雖然還占居前兩位，但他們不得不驚呼：「狼來了！」

　　進入 1980 年代初，美國汽車公司全面虧損，其中 1980 年克萊斯勒赤字達 17 億美元，福特達 15.4 億美元，最少的通用公司也虧損 7 億多美元。而日本汽車還在源源不斷湧向美國。1981 年日本車在美國的銷量超過了美國汽車總銷量的 20％，美國人不得不採取措施，限制日本汽車進口量。

　　1990 年，美國對日本的貿易逆差高達 4,100 億美元，其中汽車貿易逆差竟達到 75％。1992 年，美國總統喬治・布希訪日，底特律三大汽車巨頭緊隨其後。日本首相表示：「通用汽車對於美國的重要性有如他們的國旗，我可以理解他們被日本人擊垮時的感受。」此後美國調整戰略，向日本汽車發動全球性反攻。

　　進入 1990 年代後期，世界汽車業加快了國際化步伐，橫向聯合進一步展開。通用汽車公司也審時度勢，與日本兩家較小的汽車製造公司建立了合作關係，不久保險公司又與日本豐田公司成為合作夥伴。豐田汽車公司和田副社長在底特律召開的記者招待會上稱，豐田將和通用公司共同研究開發高科技環保汽車。

　　兩強聯合，你中有我，我中有你，使往日彌漫的硝煙被驅散，雙方在世界汽車市場的競爭實力大增。特別是對於通用公司來說，使其工人失業等競爭帶來的危機得到緩解，因此豐田與他們聯合，一改只依靠個人的力量走向聯合的道路。

　　通用汽車與豐田汽車的合作，引起汽車公司其他挑戰者的進一步聯合。

例如福特公司擁有日本第三大汽車製造商東洋工業（松田）公司 24.4% 的股份。與此同時，大約有 20 家日本公司聯合組成一個新公司 —— 奧托拉馬，目的是在日本國內推銷小型汽車和其他福特牌汽車。

福特汽車公司在歐洲也有不少企業，比如設在英國、德國、比利時和西班牙的裝配工廠。克萊斯勒也不甘落後，擁有日本三菱汽車公司 15% 的股份，並與法國的波吉奧汽車公司和德國的大眾汽車公司建立起合作關係。後來克萊斯勒公司將其 49.9% 的股份賣給了法國的雷諾公司，兩家公司合作不久推出了「聯盟」小型汽車。德國大眾在世界許多地方，都有合作夥伴。

透過「強強聯手」，豐田與通用在世界汽車市場具有了更加強大的競爭力。得到豐田合作的通用汽車公司，其發展速度更加迅猛。由此可見個人的力量是弱小的，集體的力量是不可戰勝的，只有真誠相待，互惠互利是創富者事業才能發達的根本原則。

5・你好、我好、大家好

沒有合作的習慣，很難產生規模化效應。這是成大事者競爭中的一大習慣性原則。

一提到合作，總會是雙方或雙方以上的多方在一塊共同去完成某一項事情。在這種情況下，如果不學會合作，到頭來很可能會一無所獲，空忙一場，而那些善於合作者，卻往往能利用對方不動聲色地實現自己的願望。

當今社會的人們都在講「雙贏」，即合作使雙方都有利可圖。其實，這種

雙贏的思想早在歷史上就存在了。

三國時，劉備在猇亭戰敗，退到了白帝城暫時駐紮下來，不久，他就因憂憤悔恨而病倒。在病勢沉重的時候，劉備派人去成都，把丞相諸葛亮等人請到白帝城來安排後事。劉備讓諸葛亮坐在床邊，對他說：「我有了丞相，才有今天的帝王事業。可是，由於我的知識淺陋，沒有聽丞相的話，以至於自討失敗。回想起來真是後悔莫及。如今眼看我就要死了，兒子劉禪又軟弱無能，我只好把大事託付給丞相你了。」他一邊說，一邊把事先寫好的遺囑交給了諸葛亮，並且要求他要盡力輔佐太子劉禪。諸葛亮向劉備表示，一定要盡一切力量輔佐少主，不辜負劉備的重托。蜀漢章武三年（西元 223 年）四月，劉備去世了，死的時候 63 歲。年少無知的劉禪，在成都繼承了皇位，改年號為建興元年，加封諸葛亮為武鄉侯。從此，蜀漢政治上的一切大小事情，都由諸葛亮決斷。

聯吳抗魏，本來是諸葛亮的重要戰略決策。可惜猇亭一戰，蜀吳聯盟遭到了破壞。諸葛亮擔心孫權乘劉備剛剛死去的機會，會發動突然襲擊，正考慮派人去和東吳修好，可一時又找不到合適的人選。一天，鄧芝來見諸葛亮，說：「目前，主上年幼，初登皇位，民心未安。如果要完成統一大業，就應該拋棄舊怨，和東吳聯好。沒有東顧之憂，咱們才能北上進取中原。不知道丞相是怎樣考慮的？」諸葛亮一聽鄧芝的話，十分高興，覺得鄧芝很有見解，而且鄧芝正是完成這一使命的理想人選。他笑著對鄧芝說：「我對這件事已經考慮了很久，可惜沒有找到合適的人來擔當起聯合東吳的使命，今天我終於找到啦。」鄧芝趕忙問這個人是誰，諸葛亮答道：「你既然明白聯吳的好處，那一定能夠充分地完成這個使命。」他馬上決定任命鄧芝為出使東吳的使臣。

　　鄧芝到了東吳，求見孫權。由於魏國也同時派使者到了東吳，要孫權聯魏攻蜀。孫權正猶豫不決，因此不肯接見鄧芝。鄧芝就寫信給孫權說：「我這次來，不光是為了我們蜀國，也是為了吳國的利益。」孫權這才肯接見鄧芝。鄧芝給孫權分析了當時的形勢，說：「吳國有長江作天險，蜀國有山川為屏障，兩國和好，互為唇齒，力量就更大了。進，可以兼併天下；退，可以鼎足而立。如果東吳要和魏國聯盟，就必然要向魏國俯首稱臣。要是不聽他的話，魏國就要藉口討伐東吳。那時候，蜀國也可以順流而下。江南的廣大地區，就不會再是大王所有的了。」孫權聽鄧芝說得有理有據，回答說：「我是願意跟蜀國和好的，只恐怕蜀主年輕懦弱，在魏國的壓力下中途變卦，不能始終如一。既然先生這樣說，我就放心了。」從此，吳國和蜀漢又結成了抗拒曹魏的聯盟，並且多次派遣使者互相訪問，不斷發展友好聯盟關係，從而使得三國鼎立的局面得到了進一步的鞏固。

　　為什麼鄧芝能夠說服孫權聯蜀抗魏？最大的原因就在於他一開始就提出了「雙贏」的思想：「不光是為了蜀國，也是為了吳國的利益」。而後，他又具體分析了聯蜀對於吳國的好處，使孫權不得不同意聯蜀抗魏的主張，從而圓滿地完成了諸葛亮交付給他的使命。

　　「雙贏」在某種意義上也是一種互相幫助。你幫助了別人，也就是在幫助自己。

　　許多古聖先賢一再告訴我們，幫助他人不要圖報答，因為一次性報答過了，也就失去了幫助人的意義，也不是當初幫人時的初衷。當有人需要你幫一把時，你能伸出手幫一把就是一種回報，就是一種社會共有的緣分。

　　一個人不能同時幫助許多人，但許多人可以共同幫助一個人。

　　一個人能力雖然不大，但只要肯幫助別人，他將受到人們廣泛的歡迎。

有一種說法，叫做生活不需要技巧，講的是人與人之間要以誠相待，不要懷著某種個人目的。對別人的幫助，要落到具體的行動上，不要只停留在口頭上。幫助有兩種可能，一種可能是隨便幫幫，一種可能是一幫到底，做足人情。第一種幫助不能說它不是幫助，因為它也能給人帶來某種好處，但隨便幫幫的並不是真正的幫助，因為這種隨便的幫助在關鍵的時候總是不管用。第二種幫助才是真正的幫助，它能幫人徹底解決實際困難。我們時常用「兩肋插刀」來形容朋友之間深刻的情義。

有這樣一則感人的故事：

羅絲是位單身女子，住在華盛頓的一個鬧區。有一次，羅絲搬一隻大箱子回家，因為電梯壞了，她只能自己扛著箱子上十二層樓。彼得是一個平時沒事就在大街上閒逛，偶爾還會闖點禍的人，這次他看到羅絲累得滿頭大汗，於是想上去幫助羅絲。羅絲並不相信彼得，以為他圖謀不軌。彼得十分困惑，他花費了許多唇舌，想說明他的善良用心，卻無濟於事。羅絲拒絕了彼得，她將箱子從一層搬到二層後，就再也沒有力氣了，是否接受彼得的援手呢？羅絲感到矛盾極了。最終，還是在彼得的幫助下，箱子被搬上了十二層。為了表示自己的真誠用意，彼得只將箱子搬到羅絲的家門口，堅持不進去。後來，羅絲和彼得交上了朋友，一年後，雙雙步入了紅地毯。

「雙贏」是一種良性的競爭，與人合作的目的就是要雙方都能獲利。想獨自獲利是一種貪婪，而雙贏則是一種策略。友好主動地幫助他人，多與別人合作，只有這樣，才可以更好地處理夥伴與對手的關係，給下一步合作打下良好的基礎。

習慣十五　快樂工作

　　在節奏日益緊張的都市生活中，你是否已經在工作中迷失了自我，已經被各式各樣的工作壓得喘不過氣來？如果能夠在工作中找到樂趣所在，那該是多麼美妙的事情！

　　假如不能在工作中找到樂趣，哪裡有時間和精力去接觸新的領域？不能在工作中創造出樂趣的話，那麼又哪裡來的機會？凡是應該做的，都是值得做的，凡是值得做的，都應該做好，並且從中得到快樂。在工作中找到樂趣，對自己對他人對公司都有好處。

1 · 讓工作成為你的「夢中情人」

> 如果我們每個人把工作都當作自己的「情人」一樣去呵護、去經營，那你的工作品質一定很高，生活品質也低不到哪去。

在職業生涯中，要想與別人競爭，就必須有熱情工作的習慣。只有當熱情發自內心，又表現成為一種強大的精神力量時，才能征服自身與環境，創造出日新月異的工作成績，使你在激烈的競爭中立於不敗之地。

你如果已經工作了，就會知道，當你最初接觸一項工作的時候，由於陌生而產生新奇，於是你千方百計地了解熟悉工作，做好工作，這是你主動探索事物奧祕的心理在職業生涯中的反映。而你一旦熟悉了工作性質和程式，日常習慣代替了新奇感，就會產生懈怠的心理和情緒，容易故步自封而不求進取。這種主觀的心理變化表現出來，就是情緒的變化。

有熱情才有積極性，沒熱情只能產生惰性，惰性會使你落伍。業績不佳難免要被「炒魷魚」。這也是職業生涯中的一條規則。由此看來，你能不能與別人競爭，關鍵靠你的心態和內心動力，也就是靠堅持不懈的工作熱忱。同樣一份職業，由你來做，有熱情和沒有熱情，效果是截然不同的。前者使你變得有活力，工作做得有聲有色，創造出許多輝煌的業績；而後者，使你變得懶散，對工作冷漠處之，當然就不會有什麼發明創造，潛在能力也無所發揮；你不關心別人，別人也不會關心你；你自己垂頭喪氣，別人自然對你喪失信心；你成為這個職業群體裡可有可無的人，也就等於取消了自己繼續從事這份職業的資格。可見，培養職業熱情的習慣，在競爭中是至關重要的事情。

現在，告訴你如何在工作中建立熱情，讓你工作更快樂：

首先要告訴自己，你正在做的事情正是你最喜歡的，然後高高興興去做，使自己感到對現在的職業已很滿足。

其次，是要表現熱情，告訴別人你的工作狀況，讓他們知道你為什麼對這種職業感興趣。

事實上，每個人都有理由充滿工作熱情，不論是作家、教師、工程師、工人、服務生，只要自己認為是理想的職業就應該是熱愛它，熱愛也就自然珍惜。但有些職業在經過深入了解以後，可能會感到無非如此，用不著付出多大努力，已是綽綽有餘，便以例行公事的態度從事之。這樣問題就出來了。你雖然熱愛自己的職業，卻不知道怎樣把職業掌握在自己手裡。再熟悉的職業，再簡單的工作，你都不可掉以輕心，都不可以沒有熱情。如果一時沒有散發出熱情，那麼就強迫自己採取一些行動，久而久之，你也會逐漸變得熱情起來。

假使你相信自己從事的職業是理想的，就千萬別讓任何事情阻礙了你的工作。

世上許多做得極好的工作，都是在熱情的推動下完成的。關鍵所在，是要有把工作做好的熱情，並能有始有終。你常常會遇到這樣的情況，有的職業，你認為是很好，也蠻有工作熱情，可常聽到種種非議，給你的熱情潑冷水。把握不住，就會把一份好端端的職業斷送掉。應該承認這種製冷因素是客觀存在的，但只是影響熱情的外在原因，良好的心態依舊是保持熱情的內因。要相信你認為好的，就必定是好的。與其擔心別人的評論，不如設法完成你所認定的事情，創造出無可爭辯的實績，讓人刮目相看。

2・在工作中保持積極的心態

沒有誰能夠決定整個世界，但人人都能決定自己的心態。你自己的心理、思想、感情、精神完全由你自己的心態創造。好的心態是你做大事的資本。

在面對新的工作挑戰時，自己先做好心理準備，養成接受後果的堅強心態的習慣，是你成功的保證。那麼如何調節自己的積極工作心態呢？

(1) 從早上起床開始

「一日之計在於晨」，早上起床時的情緒，往往會影響一天的心情。如果早上遇到一些不如意的事或身體不太舒服，這一天你會覺得不太對勁。相反，假使你一大早上班，車子很擠，你讓座給一位老年人獲得他衷心的感謝，即使須一路站著到公司，仍會覺得滿心舒暢，做什麼事都比較起勁、順利。

想提升積極性，首先必須由清晨掀開被子起床時開始做起。早上醒來，告訴自己今天要好好做，迅速地掀開被子下床來，也許這是一件小事，但對你一天的生活卻有莫大的益處。

想好好用功了，毫不猶豫地說出來，告訴別人也告訴自己。快要考試了，不妨在書桌前或目光可及的牆壁上貼「必勝」兩個字。有許多公司、企業，非常重視員工早上的精神，往往要求員工一到公司便大聲地念工作宗旨。以上皆為提升積極性的象徵性行為。

掀開被子輕捷地起床，持之以恆，就會成為一個積極的人。相反，如果

一早便賴床，想多睡 5 分鐘，永遠也無法產生積極性。

除了快速起床的方法之外，還有許多方法可以提升積極性。例如，掀開被子起床之後，自己動手去把窗戶打開，深深地吸一口早晨新鮮的空氣；打開門，感受一下旭日柔和的照耀等等。

消極的人很容易依賴他人，時時處於一種被動的狀態；要想改善這種狀態，首先要養成獨立的個性，自己動手做，絕不假手他人。自己動手開窗戶只是一件小事，但打開窗所見到的陽光，不僅刺激了你的雙眼，也振奮了心情，在潛移默化中將自己的生活改變為自覺的人生。

(2) 讓音樂帶給你活力和信心

獲奧斯卡金像獎的美國爵士樂電影《爵士春秋》中，有一情節給人的印象最為深刻。

影片中的男主角蓋瑞特‧喬，每天早上一邊聽著輕鬆活潑樂曲，一邊點著眼藥水，並對鏡中的自己說：「這就是土風舞音樂！」新的一天由此開始。

這個鏡頭在片中重複了好幾次，喬每天都以這種方式為自己增加勇氣，終於開創了自己的舞臺天地。一般來說，有節奏的音樂會帶給人活力與信心，促進心臟、血管、內分泌腺的功能，使自己的身體產生有節奏且規律的活動。有位詩人曾說：「音樂能夠使人產生感情，讓心靈潔淨清爽，音樂的物理振動對身體有強烈的刺激作用。」

(3) 改變環境，給自己一種全新的感覺

從事相同的工作太久，頭腦會漸漸刻板化，產生職業倦怠。若換新工作而環境不變，原有的惰性仍會在新的工作中持續。 因此在接受新的工作挑戰時，可以稍微改變一下自己的工作環境或習慣。將桌子整理整理、書桌上放

一瓶花，小小的改變便可以帶給自己全新的感受。

最有效的方法是將自己手邊常用的、重要的東西改變一下。例如常用英漢字典作為工具書，下次不妨換一本工具書，讓自己有一番不同的感覺。

消極的人通常都不喜歡改變，被惰性限制而成不了大事，只是做新的工作，即使是千篇一律的工作，也可以稍稍地改變而獲得改善並提升效率，如此，就連很難做也會有進步，亦可使你成為一個積極的人。

(4) 從自己最擅長、最容易做的工作著手

無論在工作或學業上，如果獲得一次成功，下次再做起來便會覺得充滿信心。將這種原理推廣到新的一天上，也是增加積極性的有效方法。

先從自己最有信心、絕對會做得很好的工作開始著手，心裡便會產生成就感。這種成就感會成為一股很大的原動力，使自己充滿了愉快的心情，這一天也會過得非常積極。「好的開始是成功的一半」，如果一早便錯誤連連，這天的情緒必定非常低落且不容易恢復。特別是悲觀主義者，更會陷入愁雲慘霧中。

為此，你可以在前一天預留下較為簡單的工作，待明天一早再做。這並不表示自己偷懶，而是為展開積極的明天做一番準備。

例如看推理小說，正津津有味之際，突然因急事不得不中斷，等你辦好事後，必然會迫不及待地再打開書來看。一位名叫普祥奇納的心理學家，將以上的現象取名為「中斷行動的再行傾向」，即將完成、順利進行的工作暫時擱置下來，第二天再做，必定會興致勃勃、一氣呵成。

一個非常熱衷參與評論活動的男士，以前是一個凡事慢吞吞的人，工作量少且缺乏上進心。直到有一次，他正在寫一本書，好不容易想出非常好的

題材，但因事不得不暫時擱下。第二天他迫不及待地繼續寫，結果成績出乎意外地好，工作效率也大為提高。以後他便利用這種作法，使自己積極地工作，對於評論性的活動也非常熱心參與。現在，他已是工作效率極高的人了。

因此，面對一天的第一件工作時，稍微盡點心，使它成為一個好的開始。如此，一天的心情都會非常愉快，積極性也會增加。

(5) 先要將正面的影響做一番全盤研討

假使你面對新的工作下定決心，開始做時，便必須馬上動手去做，否則你可能會失去致勝先機。而這種隨即施行的行動力，便是所謂的起跑，起跑時精神的好壞，可以成為勝敗的關鍵。因此，若你做任何事都先考慮到負面影響，就無法刺激自己動手去做的意欲。所以，先要將正面的影響做一番全盤研討，然後再考慮負面，這也是產生積極性的好方法。

Sony 公司當初開發「隨身聽」時，公司內部的高級決策主管懷疑「隨身聽」的可行性，因為「隨身聽」必須使用耳機，只能獨樂而無法眾樂，像這種考慮便是所謂的負面考慮。雖然有以上諸多負面考慮，但 Sony 公司的最高領導者依舊對這種高精度的音樂機器充滿信心，「現在正是音樂成長的時代，這種輕巧、性能高的機器，必定可以適應市場的需求。」正因為領導者的這種正面考慮，才使「隨身聽」風行全世界。

因此，要養成凡事皆考慮到正面利益的習慣，如此也較易產生積極性。

(6) 不要擔心失敗

創立「世界的本田」的本田宗一郎曾說：「不要擔心失敗，真正該擔心的是你因為害怕失敗而不敢放手一搏的心態。」

　　這真是一句至理名言。每一個人都很容易自我否定，對難得的構想在一開始便否定它的價值。尤其是消極的人更是如此，使得原本即缺乏的自信心與積極性更加縮小，任何事都不去做、不去想，只等著的人幫忙。因此，在面對新的工作挑戰時，先不要想自己能不能做、後果如何，而要先考慮如何動手去做，自己先做好心理準備，養成接受後果的堅強心態的習慣，是你成功的保證。

3．養成高效率工作習慣

　　為了高效率工作，必須建立一個較佳的工作秩序。只有這樣，才能減少忙亂，增加快樂，提高單位時間的功效。這樣做既有益於工作，也有利於健康。

　　為了提升工作效率，我們不妨從以下幾個方面做起：

(1) 讓條理化的工作節省你的時間和精力

　　美國管理學博士在其《有效的經營》一書中寫道：「我讚美徹底和有條理的工作方式。一旦在某些事情上投下了心血，就可減少重複，開啟了更大和更佳工作任務之門。」

　　工作無序，沒有條理，必然浪費時間。試想，如果一個從事文字工作的人手裡資料亂放，本來一天就能寫好的東西，找資料就找了半天，豈不費事？

　　西方「支配時間專家」運用電子電腦做了各種測定後，為人們支配時間提出了許多合理化建議，其中有一條就是「整齊就是效率」。他們比喻說：木

工師傅的箱子裡，各種工具排列有序，不同長度的釘子分別擺放，使用起來隨手可得。每次收工時把工具放回固定的位置與把工具胡亂丟進箱子裡所費時間相差無幾，而效果卻大不一樣。

工作有條理，既是最容易的事情，也是最困難的事情。

(2) 進行合理的整合工作

工作目的、工作任務明確後，能不能充分地實現，就在於進行合理的統整工作。一位管理者深有體會地說：「總經理的最大困難之一是整合自己的時間。」

整合工作首先要做好選擇、區分的工作，剔除那些完全沒有什麼價值或者只有很小意義的工作，接著再排除那些雖然有價值但由別人做更合適的工作，最後再剔除那些你認為以後再做也不要緊的工作。

對於那些必須目前就做的工作，也要充分地進行整合。整合工作的方法有如下幾條，既可以單獨使用其中的一條，也可以互相配合作用。

① 綜合。即在同一時間內綜合進行多項工作。我們說，辦事要有順序，並不是說同一時間內只能辦一件事，而是運用系統論、作業研究等原理，可以同時綜合進行幾項工作。在管理學中，把工作單方向一件一件依次進行的辦法，叫做垂直型工作。就像站著一大排人，一個一個地傳遞磚頭，這樣做效率比較低。反之，如果把各項工作綜合起來統一安排，效率就會大大提升。

② 結合。即把若干步驟結合起來。例如有兩項或幾項工作，它們既互不相同，又有類似之處，互有關聯，實際上又是服務於同一目的的，因而可以把這兩項或幾項工作結合為一，利用其相同或相關的特點，一

起研究解決。這樣自然就能夠省去重複勞動的時間。

③ 重新排列。即改變步驟的順序，也就是要考慮做工作時採取什麼樣的順序最合理，要善於打破自然的時間順序，採取電影導演的「分切」、「組合」式手法，重新進行排列。例如一天工作下來很疲乏，晚上又要上夜校，那麼就應該把休息時間提前，從床上移到其他地方，如在公車上趁機閉目養神，可保證晚上精力充沛。假如你是一個業餘作者，白天不容你靜下來構思作品，晚上又難以入睡，不妨在此時讓思緒遨遊一番。

④ 變更。即改變工作方法。改變工作的手法大體有兩種，一種是「分析改善方式」，即對現行的手段方法認真仔細地加以分析，從中找出存在的問題，即找出那些不合理和無效的部分，加以改進，使之與實現目標要求相適應。一種是「獨創改善方式」，即不受現行的手段、方法的局限，在明確的目的基礎上，提出實現目的的各種設想，從中選擇最佳的手段和方法。

⑤ 穿插。盡可能把不同性質的工作內容互相穿插，避免打疲勞戰，如寫報告需要幾個小時，中間可以找人談談別的事情，讓大腦休息一下。又如上午在辦公室開會，下午到群眾中去做調查研究等等。

⑥ 代替。即把某種要素換成其他要素。如能打電話的就不寫信，需要寫信的改為寫便條，需要每週出訪的改為隔週一次，在不出訪的那一週裡，可用電話來代替出訪。

⑦ 標準化。即用相同的方法來安排那些必須時常進行的工作。比如，記錄時使用通用的記號，這樣一來就簡單了。對於經常性的詢問，事先可準備好標準答覆。

(3) 運用化繁為簡的工作方法

　　最容易不過的是忙碌，最難不過的是有成效地工作。而化繁為簡，善於把複雜的事物簡明化，是防止忙亂、獲得事半功倍之效的法寶。工作中，我們經常看到有的人善於把複雜的事物簡明化，辦事又快又好，效率高；而有的人卻把簡單的事情複雜化，迷惑於複雜紛繁的現象，使複雜的事物越複雜，工作忙亂被動，辦事效率極低。這兩種類型的人其工作水準、效率之高與低，就在於會不會運用化繁為簡的工作方法和藝術。

　　美中貿易全國委員會主席唐納德・C・伯納姆在《提高生產率》一書中講到提高效率的「三原則」，即為了提高效率，每做一件事情時，應該先問三個「能不能」。即：能不能取消它？能不能把它與別的事情合併起來做？能不能用更簡便的方法來取代它？根據這個啟示，我們在檢查分析每項工作時，首先問一問以下 6 個問題：

① 為什麼這個工作是需要的？是根據習慣而做的嗎？可不可以把這項工作全部省去或者省去一部分呢？

② 這件工作的關鍵是什麼？做了這件工作之後會出現什麼過去沒有的新效果？

③ 如果必須做這件工作，那麼應該在哪裡做？既然可以邊聽音樂邊輕鬆地完成，還用得著待在辦公桌旁冥思苦想嗎？

④ 什麼時候做這件工作好呢？是否考慮到放在效率高的寶貴時間裡做最重要的工作？是否為了能「著手進行」重要工作，用了整天的時間去使工作「條理化」，結果把時間用完了，而所料理的只不過是些支離破碎的事情？

⑤ 誰做這件工作好呢？是自己做還是安排別人去做？

⑥　這件工作最好的做法是什麼？是應抓住主要矛盾而迎刃而解，收到事半功倍的效果，還是應採取最佳方法而提升效率？

然後在對每一項工作分析檢查之後，再採取如下步驟：

A　省去不必要的工作。

B　使工作順序合理，做起來得心應手。

C　兩件或兩件以上的工作能夠合併起來做的就聯合起來做。

D　盡可能使雜七雜八的事務性工作簡單化。

E　預先訂好下一項工作的程序。增強工作預見性，走一步，看兩步，想三步，提升決策的效率和準確性，減少決策過程的時間並使決策無誤。

無論在工作中，還是在生活裡，為了提升辦事效率，就必須下決心放棄不必要的或者不太重要的部分，用簡便的活動代替那些費時費力的活動。如有的人盡量減少頭腦的儲存負擔，以提高頭腦的處理功能；有效地研究篩選讀書的人，能把書籍區分為必讀的書、可讀可不讀的書和不必讀的書，做到多讀必讀書，以增加得益。有的人在生活中還採取擺設不求齊全，以減少整理的時間；穿戴不過分講究，以減少換洗保存時間；吃喝買到家裡能直接下鍋的，以減少烹調時間等等。

有序原則是時間管理的重要原則。一位著名科學家說：「無頭緒地、盲目地工作，往往效率很低。正確地安排自己的活動，首先就意味著準確地計算和分配時間。雖然客觀條件使我難以這樣做到，但我仍然盡力堅持按計畫利用自己的時間，每分鐘他計算著自己的時間，並經常分析工作計畫未按時完成的原因，就此採取相應的改進措施；通常我在晚上訂出翌日的計畫，訂出一週或更長時間的計畫；即使在不從事科學工作的時候，我也非常珍視一點一滴的時間。」

應該經常記住：明確自己的工作是什麼，並使工作組織化、條理化、簡明化，就能最有效地提升工作效率。

4‧把工作當作一種遊戲

如果不能從工作中找到樂趣，那麼只會愈做愈累，好比生活在痛苦的地獄中，生不如死，所以我們應該養成把工作當作遊戲的習慣。

當我們在做自己喜歡的遊戲活動時，很少感到疲倦，很多人都有這種感覺。比如在一個假日裡你到湖邊去釣魚，整整在湖邊坐了幾個小時，可你一點都不覺得累，為什麼？因為釣魚是你的興趣所在，從釣魚中你享受到了快樂。產生疲倦的主要原因，是對生活厭倦，是對某項工作的厭煩。這種心理上的疲倦感往往比肉體上的體力消耗更讓人難以支撐。

作家威廉‧菲勃斯說：「成為成功者的主要條件是，每天都對自己的工作感到新奇。」工作沒有成就感，是因為自己不去將工作興趣化，如果能將工作昇華為有趣的遊戲，相信無時無刻都能感受到工作的喜悅。

美國醫藥界的翹楚，現在是世界前五名廠商的老闆查理‧華葛林，原來他只是開了一家規模很小的西藥房，同樣有著一般人的想法，埋怨自己的職業，對工作感到無趣。雖然對工作做得不是很起勁，但他曾問自己：「我能捨棄這種生涯嗎？」「我能在我的職業中施展我的才能嗎？」想了又想，不停地反覆思考這個問題的他，終於想到了一個方法。這個方法就是把工作當作有趣的遊戲，他是怎麼做到的呢？

例如有人打電話訂貨，他一面接電話，一面舉手招呼他的店員，立刻

把貨品送去。有一天，電話來了，他大聲的回答說：「好，郝斯福夫人，兩瓶消毒藥水，四分之一磅消毒棉花，還要別的嗎？啊，今天天氣真好，還有……」他不時地討好顧客，同時指揮店員把貨物取齊馬上送去，而店員經過他的訓練，很快地就能處理妥當，在接電話的幾分鐘內，物品已經送到郝斯福夫人家的門口了，但他們仍繼續談話，直到郝斯福夫人說：」門鈴響了，華葛林先生，再見。」於是，他放下電話聽筒，面露喜色，因為他知道貨物已經送到。事後，郝斯福夫人常對別人說起這件事，當她訂貨的電話尚未打完，物品就已經送來了。

由於她無意中的傳播，使得附近的居民都來他的藥房訂貨，並且漸漸擴展到其他地區的居民，最後這些人都成為他藥房的忠實顧客。從此以後，他從一間小小的藥房，慢慢擴充為公司，然後成立了製藥廠，各地都開設了連鎖店。

華葛林的同行，都很奇怪他的顧客為什麼有這麼多，營運狀況又這麼穩固？其實，華葛林的成功，不在於工作的本身，而是他面對工作的態度，正因為他懂得轉換工作的心情，把原本枯燥乏味的工作當成有趣的遊戲進行，自然可以做得輕鬆愉快。

做一行怨一行是很多人的通病，難怪工作做不好，難怪覺得沒有成就感。就像一般人都會羨慕別人的幸運，嫉妒別人的成功，不去力圖振作，只會自怨自艾。也許有人會問，該如何對自己的工作感到興趣呢？最好的方法就是挑選對自己適性、適情的工作，因為如果該工作能符合自己的喜好，便可從中產生很大的興趣。如何找出自己的喜好？方法很簡單，只要拿出一張紙，依照以下的指示，記下自己最擅長的項目或專長：

1　寫出自己拿手的項目，例如：繪畫、唱歌、跳舞、寫作、演講、彈奏

樂器等。

2　寫出讓自己引以為傲的特質，例如：細心、體貼、溫柔、寬容、知錯能改等。

3　寫出自己和周圍親友相處的關係，例如：能為別人著想、打抱不平、見義勇為等。

　　只要站在客觀的立場，列舉出自己的各種專長、成就和特質後，便能得知自己感興趣的專案有那些，然後從其中找出最適合發揮的才能，好好發揮所長，就能認真努力工作而不感到辛苦。樂在工作，從工作中找到滿足感，並對自己選擇的工作不以為苦，人生絕對是快樂百分百。

5・工作：不僅僅是為了生存

> 一種愉快的工作心情是極為難得的財富。愉快的工作是快樂之本、幸福之源。

　　當今社會，越來越快的工作節奏，打壞了我們原有的生活節奏，甚至，也漸漸奪走了生活本身應有的快樂與舒適。因此，要在現代社會這樣快節奏的工作中找尋生活固有的快樂，就需要我們花費點心思，就要在工作與生活之間認真地權衡、把握，改變我們對於工作的固有的觀念習慣。因為，我們的工作畢竟是為了我們更好地生活。

　　是的，如果我們只是將自己的工作當作一種謀生的方法，當作是混一碗飯吃的一件差事，那麼，我們肯定不會去重視它、喜歡它，進而熱愛它。但

如果我們能夠在自己的心靈深處將它看做是深化、拓寬我們自身閱歷的一種途徑，一種使我們的生存價值能夠充分展現的方式和方法的話，那麼，我們肯定會從心底重視它、喜歡它、熱愛它，就能從工作本身中尋找到許多的樂趣和快樂。因為這樣的工作給我們所帶來的，已經遠遠超出了工作本身的內涵。也就是說，工作已經不僅僅是工作，它成了我們的一種生活方式和生存方式，是我們生活的一部分，為我們構築起豐富而又有趣的人生。

的確，工作觀念的改變，給我們提供了新的機遇，也提出了新的挑戰，適應變化並捕捉變化中的機會，你就能立於不敗之地。以不變應萬變不是一種積極的態度。因為，在我們這個世界上沒有什麼永恆的東西。

世界上的一切都在不停地變化著。物質的東西在變化，精神的東西也在變化。是變化產生了世界上的一切事物，無論過去的、現在的還是將來的。

正是由於變化才有了你的出生，有了你的成功。世界上沒有不變的東西，即使是死亡了的東西也在變化著：有的重新進入無機物的組合過程，透過化學的、物理的變化，融入新的物質運動；有的則重新被生命活動所吸收，參與了新生命的建造。

我們人類也在變。人類的生存環境在變，我們生活的節奏在變，人的生存方式在變，人的生存智慧在變，成功的智慧在變，人們關於工作的觀念在變……這種變化貫穿著我們人類的古今，也連接著我們人類的明天。隨著科學技術日新月異地發展，人類的變化呈現一種加速度，也就是說，明天的變化只會比今天快，而不會比今天慢。

變化為我們提供了機會，也提出了挑戰。面對著這種挑戰，身為一個成功者，你應該比普通人、比以往的成功者更需要深思熟慮，以便適應這變化繁複的世界，順應歷史的潮流走。同時，把握變化提供給你的機會，以便取

得更大的成功。

上個世紀末，整個人類社會的物質生活條件發生了急劇的演變，與此相對應的是，人們的精神、形象、思想情感的傳播方式也在不斷地更新，新的情感交流媒介的空前發展，加上新的生活用具、新型住宅、新的食物、新的思想、新的交通工具不斷地發展與更新；而且這種變化還會繼續下去。這一切變化，都給人們提供了新的機會，因為這其中蘊藏著巨大的數也數不清的機會，無論你是經商、做地產，還是主攻文化市場，甚至是做股票，你都會發現機會每天都在找你。

每一個想成功的有心人，絕不會放過這一良機來發展自己。具體地說，近年來，一種關於工作的新的想法和觀念已經越來越強烈，即工作不應只是一種謀生的方法 —— 一種只用來賺錢、養家或贏得某種令人羨慕的社會地位的方法，而是某種工作本身應該提供給我們豐富的，並培養我們具有各方面經驗的手段。這種觀念的變化給我們整個社會所帶來的變化是巨大的，甚至是徹底的。而且，這種對於工作觀念的變化對整個人類歷史所帶來的影響都將是巨大的。

只有懦夫才會害怕變化，只有故步自封的人面對變化才會退縮，成功者就是要在變化中去尋找成功的機會。尋找到了機會，你也可能使世界發生變化，而且，在改變世界的過程中改變自己，使自己朝著一個更高的人生境界邁進。對於暫時的失敗者而言，變化也為你提供了東山再起的機會，提供了改變你命運的機會，提供了讓你成功的機會。這一次，你不能再放過任何一個機會了。人生苦短，歲月無情，你不能再等待下去了，應該行動起來，行動起來你就可能成功。

只要有變化，任何人就都有機會！你肯定也有！

　　所以，從今天開始，從現在開始，我們就應該將自己原來對工作觀念的習慣加以改變，不再把工作看作是一種僅僅的謀生方法，也要把當作是一種生活的方式。如果這樣做，工作就會成為我們最為愉快的事情之一，不妨你就試試吧！相信你會成為一個快樂的工作者。

21 天效應，養成了成功的習慣，從此習慣了成功

成功者用 5 秒去賺錢，平庸者花 5 秒在撿錢！

作　　者：莫宸，袁麗萍

發 行 人：黃振庭

出 版 者：崧燁文化事業有限公司

發 行 者：崧燁文化事業有限公司

E-mail：sonbookservice@gmail.com

粉 絲 頁：https://www.facebook.com/
　　　　　sonbookss/

網　　址：https://sonbook.net/

地　　址：台北市中正區重慶南路一段六十一號八
　　　　　樓 815 室

Rm. 815, 8F., No.61, Sec. 1, Chongqing S. Rd., Zhongzheng Dist., Taipei City 100, Taiwan

電　　話：(02)2370-3310

傳　　真：(02) 2388-1990

印　　刷：京峯彩色印刷有限公司（京峰數位）

律師顧問：廣華律師事務所 張珮琦律師

定　　價：375 元

發行日期：2022 年 04 月第一版

◎本書以 POD 印製

國家圖書館出版品預行編目資料

21 天效應，養成了成功的習慣，從此習慣了成功：成功者用 5 秒去賺錢，平庸者花 5 秒在撿錢！/ 莫宸，袁麗萍著 . -- 第一版 . -- 臺北市：崧燁文化事業有限公司 , 2022.04
　　面；　公分
POD 版
ISBN 978-626-332-267-7(平裝)
1.CST: 成功法 2.CST: 生活指導
177.2　　111003713

電子書購買

臉書